图书馆业务指南丛书

公共图书馆总分馆制的
"宝安模式"

周英雄　主编

国家图书馆出版社

图书在版编目（CIP）数据

公共图书馆总分馆制的"宝安模式"/ 周英雄主编．——北京：国家图书馆出版社，2024.6
（图书馆业务指南丛书）
ISBN 978-7-5013-7909-5

Ⅰ.①公… Ⅱ.①周… Ⅲ.①公共图书馆－分馆制（图书馆）－研究－深圳 Ⅳ.① G258.2

中国国家版本馆 CIP 数据核字（2023）第 239214 号

书　　　名	**公共图书馆总分馆制的"宝安模式"**
	GONGGONG TUSHUGUAN ZONGFENGUANZHI DE "BAOAN MOSHI"
著　　　者	周英雄　主编
责任编辑	邓咏秋　张晴池
封面设计	耕者设计

出版发行	国家图书馆出版社（北京市西城区文津街 7 号　100034）
	（原书目文献出版社　北京图书馆出版社）
	010-66114536　63802249　nlcpress@nlc.cn（邮购）
网　　　址	http://www.nlcpress.com
排　　　版	北京旅教文化传播有限公司
印　　　装	河北鲁汇荣彩印刷有限公司
版次印次	2024 年 6 月第 1 版　2024 年 6 月第 1 次印刷

开　　　本	710mm×1000mm　1/16
印　　　张	15
字　　　数	240 千字
书　　　号	ISBN 978-7-5013-7909-5
定　　　价	100.00 元

本书编辑委员会

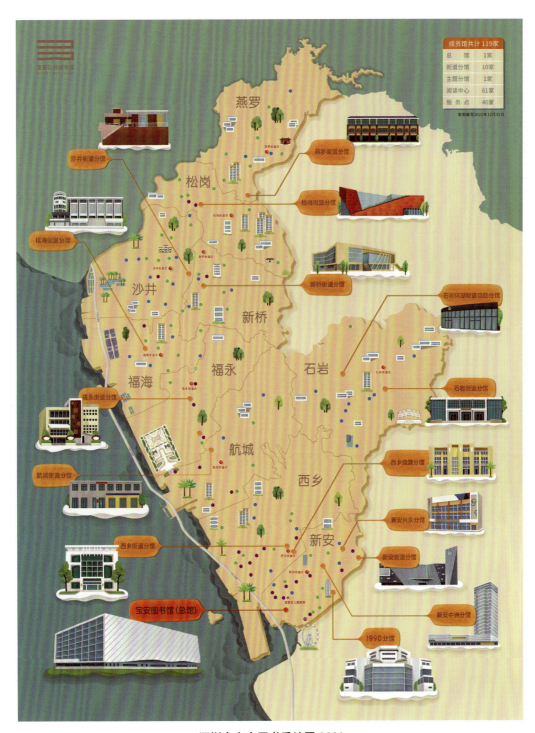

深圳市宝安区书香地图 2023

宝安区图书馆外景（上）及成人阅览区（下左）、少儿图书馆（下右）

宝安区图书馆 1990 分馆 5G 体验区（上）、展厅（中）及外景（下）

新安街道分馆阅览区（上右）、西乡街道分馆阅览区（上左）及外景（下）

航城街道分馆阅览区（上左）、福永街道分馆少儿阅览区（上右）及外景（下）

福海街道分馆少儿阅览区（上左）及外景（下）、沙井街道分馆阅览区（上右）

松岗街道分馆少儿阅览区（上右）及外景（下）、新桥街道分馆阅览区（上左）

石岩街道分馆少儿阅览区（上左）及外景（下）、燕罗街道分馆阅览区（上右）

有代表性的公园分馆

有代表性的学校分馆

有代表性的社区分馆

有代表性的服务点

目　录

序：引领公共图书馆总分馆制拓展深化的发展方向

李国新

我国公共图书馆总分馆制的探索实践始于新世纪初年。2006 年 9 月，《国家"十一五"时期文化发展规划纲要》首次提出"县（市）图书馆逐步实行分馆制"，对实践中已有探索的总分馆建设给予引导。2007 年 12 月，中国图书馆学会组织业界专家开展了嘉兴市公共图书馆总分馆建设专题调研，并以当时设立的"中国图书馆学会专项资金"支持了相应的专题研究，拉开了组织化推动公共图书馆总分馆体系建设的序幕。2008 年 4 月，中国图书馆学会召开"构建公共图书馆服务体系嘉兴高层论坛"，这是我国第一个由行业组织主导的推动公共图书馆总分馆体系建设的研讨会议。2009 年 4 月，文化部在嘉兴召开全国农村图书馆服务网络建设工作经验交流会，推广嘉兴的公共图书馆总分馆体系建设经验，公共图书馆总分馆制建设开始进入各级政府的工作部署，得到大力推动。2006—2011 年，中国图书馆学会连续六年开展以培训县级公共图书馆馆长、业务骨干为主的"图书馆志愿者行动"，总分馆体系建设的内容被纳入培训课程体系，促进了总分馆体系建设的理念和做法向基层公共图书馆领军人物、"关键少数"的传播与普及。

2010 年，公共图书馆建立总分馆制被纳入国家公共文化服务体系示范区创建标准，有力推动了总分馆制在公共文化示范高地的先行先试、全面普及。以 2011 年重庆市大渡口区文化馆总分馆制建设入选创建国家公共文化服务体系示范项目为标志，总分馆制在我国由公共图书馆拓展到文化馆。2015 年初，中共中央办公厅、国务院办公厅印发《关于加快构建现代公共文化服务体系的意见》，明确部署了以县级图书馆、文化馆为中心推进总分馆制建设。2016 年 12 月，文化部、新闻出版广电总局、体育总局、发展改革委、财政部印发

《关于推进县级文化馆图书馆总分馆制建设的指导意见》，提出把总分馆制建设纳入现代公共文化服务体系，到2020年全国基本建立起上下联通、服务优质、有效覆盖的县级文化馆、图书馆总分馆制。整个"十三五"时期，图书馆文化馆总分馆制建设被纳入公共文化领域重点改革任务，公共图书馆总分馆制被写进2018年施行的《中华人民共和国公共图书馆法》，总分馆制既有了法律依据，也成为县级人民政府的法定责任。经过近20年的持续努力，我国公共图书馆总分馆制建设取得了显著成效，成为新世纪以来公共图书馆领域最具代表性的改革发展成果之一。截至2022年，全国已有2640多个县（市、区）建成公共图书馆总分馆制，占全国县级区划总数的93%，建成公共图书馆分馆58000多个，县域公共图书馆总分馆制的框架体系在我国已经基本构建起来。

我国公共图书馆总分馆制建设在实践进程中探索出了多样化的、因地制宜的实现方式。如较多地方采用的县级总馆、乡镇（街道）分馆、村（社区）服务点三级架构体系模式，还有"多级投入、集中管理"模式、委托管理模式、"分馆+"模式、"中心馆—总分馆"模式等。这些模式虽各有特点，但总体上看都是以有限的业务指导、资源调配、通借通还、活动联动为主，受制于行政分级管理、财政分灶吃饭的现行体制，总馆对分馆的统筹协调、指导援助能力还较为有限，离全面实现总馆主导下的文献资源统一采购、统一编目、统一配送、通借通还和人员统一培训的要求，还有不小的距离。总馆的统筹整合能力弱、调动资源能力弱、对分馆的支持援助能力弱，由此造成了一些地方的总分馆制停留在"翻牌式""形式化"的低水平层次。

总分馆制是公共图书馆组织体系的变革。实施总分馆制的目的，是让总馆充分发挥统筹整合资源和服务的功能，通过畅通高效的组织体系下沉到农村基层，促进服务的普遍均等，促进公共文化服务的城乡一体。怎样让总馆的功能有效且最大化地实现？怎样让总分馆制的优势真正凸显出来？深圳市宝安区创造的"宝安模式"做出了回答：建立紧密型垂直管理的总分馆体系。所谓"紧密型垂直管理"，就是整个宝安区以区图书馆为总馆、以街道图书馆为分馆、以社区阅读中心等为基层服务点的三级服务体系，实行发展统一规划、经费统一安排、人员统一管理、文献统采统编、图书通借通还的管理体制和运行机制，三级服务设施不再是人财物各自为政的独立体，而是由总馆统筹统管的紧密体；总馆相对于分馆，不再仅是一个业务指导主体，而是服务和管理的实施主体。在我国总分馆体系研讨和建设的初期，就有专家指出，真正意义上的总分馆体系应有这样的特征：总馆应被赋予对分馆的财产管理权，由此保证总馆可以实现集中采购和调配资源；总馆应被赋予对分馆的人员管理权，由此保证总馆有能力规范和保障服务；而总馆实现上述两项权利的前提，则是理顺总馆与分馆之间的经费来源与管理权限关系，实现总馆与分馆所需经费由同一主体提供①。对照这一观点，"宝安模式"的实际做法显然是走在了遵循总分馆制发展规律、彰显总分馆制优势特点的正确道路上，总分馆制的理想蓝图在宝安区变成了现实。2020年国务院办公厅印发经党中央、国务院同意的《公共文化领域中央与地方财政事权和支出责任划分改革方案》，其中要求合理划分省以下公共文化领域财政事权和支出责任，提出将适宜由地方更高一级政府承担的基本公共文化服务支出责任上移，避免过多增加基层政府支出压力。"宝安模式"的紧密型垂直管理，显然就是"基本公共文化服务支出责任上移"的具体实践，是各级政府协同推进公共文化服务事权和支出责任改革的一个标本。

当前，深圳行进在建设中国特色社会主义先行示范区的征程上，目标之一是，到2025年公共服务水平达到国际先进水平。实施紧密型垂直管理的公共图书馆总分馆体系，保证了作为公共服务组成部分的公共图书馆服务率先达到普遍均等、优质高效的国际先进水平。据统计，到2022年，宝安区119家公共图书馆/公共阅读设施被纳入垂直管理的总分馆体系，实现了人财物"三统筹"和规划、经费、人员、资源、服务"五统一"，全区做到了平均2.1万人拥有一个公共图书馆或服务点，这一水平已经超越了纽约、东京、洛杉矶。据2021年的统计，宝安区公共图书馆服务体系不论是馆舍总面积，还是文献总藏量、图书外借量，抑或全民阅读活动数量，都稳居深圳各区公共图书馆服务体系之首，显示了良好的服务效能。2017年以来，公共图书馆总分馆制建设的"宝安模式"在深圳全市各区推广普及，到2022年，深圳市已有超过50%的街道图书馆被纳入垂直型总分馆体系，各项服务效能指标大幅提

---

① 邱冠华,于良芝,许晓霞.覆盖全社会的公共图书馆服务体系:模式、技术支撑与方案[M].北京:北京图书馆出版社,2008:188.

升①。发端于宝安的紧密型垂直管理公共图书馆总分馆体系，成为近二十年来深圳建成"图书馆之城"的宝贵经验之一。

"十四五"推进公共文化服务高质量发展的首要任务，是促进公共文化服务城乡一体建设。图书馆文化馆总分馆制，就是促进公共文化服务城乡一体建设的有效途径、重要抓手。就深化公共图书馆总分馆制而言，我认为"宝安模式"带给我们的思路启迪和创新借鉴主要体现在以下几方面。

首先，完善的总分馆体系必须有能力强大的总馆。与传统的公共图书馆功能相比，总馆功能是一种新功能。总馆功能主要体现在统筹、协调、指导、援助等方面，这是作为组织体系的总分馆制和作为单体建筑的图书馆的最大区别。总馆要具备这些功能，需要有物质支撑，因此总馆和分馆在经费提供、人员保障方面主体的同一化，就成为资源统一调配、服务统一标准的前提。"宝安模式"的紧密型垂直管理体制从根本上说，就是从体制上解决了目前还比较多见的总分馆制虽为一个组织体系而人财物管理却相互分割的矛盾，适应了统筹集中人财物以保证服务标准和质量统一的内在逻辑，从而让总分馆制的优势得以充分彰显。正是在这个意义上，可以说"宝安模式"创造的紧密型垂直管理体制，昭示了进一步深化我国图书馆文化馆总分馆制建设的发展方向。

其次，完善的总分馆体系应形成成员馆错位发展、各美其美、彰显特色的格局。总分馆体系的紧密型垂直管理，并不意味着成员馆的百馆一面。"宝安模式"立足成员馆馆舍规模、馆藏资源、服务群体、区位特征等差异，发挥总馆的统筹协调功能，推动成员馆错位发展，形成各自特色。如总馆作为体系"龙头"，对标国内外一流标准，建设服务高效、活动示范、技术领先的大型综合性公共图书馆；街道分馆立足区位特征特色化发展，建成辖区内的阅读推广与文化服务中心；主题分馆打造主题特色空间，强化主题资源建设，创设主题品牌活动；等等。"宝安模式"证明，紧密型垂直管理可以通过有效的统筹规划、协调推动，创造出总分馆体系成员馆千姿百态、彰显特色的格局。

最后，完善的总分馆体系建设离不开职业化的领军人物、"关键少数"的引领和支撑。总分馆体制是现代公共图书馆理念的产物，理念和思想产生于

---

① 张岩."图书馆之城"：一座城市的个与梦想［C］//张岩.深圳经验"图书馆之城"创新发展二十年.深圳：深圳出版社,2023：22.

人，因此，总分馆制怎么建、向什么方向发展，说到底体现的是人的理念和思想。国际图书馆界有句名言："馆长是图书馆的舵手。"我以为，"宝安模式"之所以走上了紧密型垂直管理之路，重要的原因之一是宝安区图书馆的领军人物、"关键少数"具有现代公共图书馆理念，了解公共图书馆总分馆制的本质属性、目标任务和发展规律，因此才能把握住总分馆制的发展方向，才能为我国总分馆制的拓展和深化做出示范与引领。由此说开去，推动公共图书馆的高质量、专业化发展，建设一支有职业理念、有专业素养、负责任、职业化的领军人物、"关键少数"队伍是多么重要。

2023 年 12 月于北京

（作者为北京大学教授，文化和旅游部国家文化和旅游公共服务专家委员会首席专家）

绪　论

随着全球信息化程度不断提高，公共图书馆作为人们获取知识和文化交流的重要场所，越来越受到重视。尽管实行总分馆制在公共图书馆事业发达的国家与地区早已有之，但在我国的推广却十分艰难，条块分割的体制以及"一级政府建设一级图书馆"的传统做法阻碍了总分馆制的发展。宝安区是深圳市的西部中心城区，也是深圳市最早建立区级图书馆的行政区。从20世纪90年代起，宝安区在建设公共图书馆服务网络乃至区域性图书馆服务体系方面一直在探索中前行。目前实行的公共图书馆紧密垂直型总分馆制管理模式，正是深圳市宝安区三十年来不断探索的成果。而本书就是对"宝安模式"实践经验的集中呈现。

改革开放初期，深圳经济特区成立，宝安县更名为深圳市，原宝安县图书馆更名为深圳市图书馆。1981年宝安县建制恢复，自东晋咸和六年（331）宝安县始设的历史得以延续。1983年，新的宝安县图书馆重新成立，这也是深圳市的第一个县区级图书馆，门牌上的题名为"宝安图书馆"。1993年，宝安撤县分区，宝安县图书馆更名为宝安区图书馆。1983年起"宝安图书馆"的题名依旧沿用，如今宝安区图书馆的各种标识、招牌、宣传资料也会使用"宝安图书馆"的名字，昭示着"宝安"这个名字的传承。自1983年建馆四十年来，特别是1993年宝安建区三十年来，宝安区图书馆在不断加强自身建设的同时，也一直致力于全区公共图书馆服务体系的建设。1993年7月16日，位于宝安四区的宝安区图书馆大楼投入使用，大楼建筑面积8110平方米。2013年12月30日，位于宝安中心区的图书馆新大楼投入使用，建筑面积为48000平方米。宝安区公共图书馆的从业人员也从1983年建馆初期的6人发展到2023年的超过300人。在馆舍空间不断优化、人才队伍不断壮大的同时，宝安区公共图书馆服务体系也在不断发展完善。

三十年时间里，宝安区图书馆人一直秉持"共享、融合、创新"的办馆理念，坚持"读者第一，服务至上"的服务宗旨，在业务建设上不断进取，勇于争先。

20世纪90年代是深圳市开展基层图书馆建设的早期探索阶段。1997年，宝安区委、区政府启动宝安区"百村书库"工程建设。2001年，宝安区委、区政府发文开展文化先进镇建设活动，要求每个镇（街道）"有一个中型图书馆"，馆舍面积要达到600平方米。在2003年深圳大规模开展"图书馆之城"建设之前，全区10个镇（街道）有9个建立起了镇（街道）一级图书馆，127个行政村共有98个村图书馆和4个社区图书馆被市文化局评为达标图书馆，各项服务指标均居全市各区之首。宝安区初步实现了区、镇（街道）、村（社区）三级图书馆服务网络。此阶段实施的是业务指导式的松散型总分馆模式。

2008年至2012年，宝安区图书馆开始探索新的基层馆建设与管理模式。2008年宝安区图书馆共建成11家分馆，其中8家为直属分馆。这些直属分馆的建设由街道、社区、工业园区或企业提供场地，区图书馆提供书刊、设备等资源，建成后由区图书馆派人直接管理，街道文化主管部门负责协调和监管。场地提供方、区图书馆以及街道文化主管部门三方签署协议，明确各方权利与义务。在此基础上，2010年，宝安区图书馆在当时仍隶属宝安区的龙华街道富士康工业园区附近新建两家直属分馆。这是宝安区图书馆紧密垂直管理模式的早期形式。

鉴于宝安早期建设的一些村（社区）图书馆因分散各自管理，普遍效益不高，部分已关闭，宝安区图书馆于2012年提出了一套总分馆建设与管理方案，并提出建设一批以"标识风格统一、服务规范统一、图书通借通还、资源统一配置"为特征，并由区图书馆垂直管理的社区阅读中心。2013年，30家社区阅读中心建成投入运营后，因区政府相关部门不同意由区图书馆直接管理，遂交由各街道实行属地管理。这批社区阅读中心除未由区图书馆直接管理外，关于统一标识形象、统一服务规范、纳入全市统一服务平台等目标都已基本实现。

经过社区阅读中心四年的运营经验总结，2017年9月，《宝安区公共图书馆总分馆制建设实施方案》（以下简称《实施方案》）由区财政局和区文体旅游局联合印发。2018年5月，《深圳市宝安区公共图书馆管理办法》由区文体旅游局印发。宝安区通过行政手段的大力支持，在全国率先建立区、街道、社区三级紧密垂直管理模式的公共图书馆总分馆制服务体系。

经过三十年的努力，宝安区公共图书馆服务体系建设终成正果，在《实施方案》的保障之下，经过几年的发展，全区垂直总分馆体系进入稳步持续快速发展阶段。目前，全区已形成了以区图书馆为总馆，街道图书馆为分馆，主题图书馆、社区阅读中心为基层点，智慧书房、服务点和集体借阅为补充的三级紧密垂直管理总分馆制服务体系。通过总馆直接管理街道分馆和主题分馆，街道分馆考核监管辖区内的社区阅读中心和服务点，全区公共图书馆事业发展实现"三个统筹""五个统一"，即统筹经费、人员、资源，统一业务管理、服务清单、资源配置、人员培训、绩效考核。区、街道和社区的人、财、物实行垂直管理，文献信息资源共享，图书通借通还，读者活动联动开展，实现服务标准化、均等化、数字化和一体化。

体系化建设的成效是明显的。近年来，宝安区公共图书馆各项业务数据居全市各区前列，全区公共图书馆服务体系的全覆盖、可持续、高质量发展得到了保障。截至 2022 年底，全区总分馆体系成员馆达到 119 家，全区图书总藏量达到 487.8 万册。仅 2022 年，总分馆体系接待读者 303 万人次，新增读者证 7.7 万张，图书外借 263 万册次，举办线上线下活动 5105 场，81.4 万人次参与。

实践证明，"宝安模式"的公共图书馆总分馆制为区域公共图书馆体系的建设运营提供了一套较为完善的方案。

"宝安模式"的特点之一，是政府主导，政策保障。从"百村书库""劳务工直属分馆""社区阅读中心"等不同时期基层图书馆建设的探索，到《实施方案》系列保障性文件的出台，都离不开各级主管部门及领导对全区图书馆事业的重视与支持。《实施方案》打破了区、街道、社区间的行政条块分割，理顺了阻碍体系一体化运作的体制机制问题，实现了成员馆建设主体上移，业务重心下沉，解决了场地选址、运营经费、人员安排等具体问题，为"宝安模式"的推行提供了制度性保障。

"宝安模式"的特点之二，社会参与，共享融合。鼓励社会力量积极参与"图书馆+"建设与服务，采用灵活的建馆合作模式，充分发挥各方优势，与社区、企业、学校、商场、公园、酒店等不同主体联合办馆。通过成立法人治理结构和行业协会，完善总分馆体系建设、运营与考评机制，推动社会力量的深度参与，并共享体系建设带来的普惠性与社会效益提升成果。

"宝安模式"的特点之三，专业管理，效能优先。通过《实施方案》明确总馆、分馆与基层馆各自的职能定位，制定统一服务标准，统筹规划，合理利用文献与活动资源，提高整体服务效益；制定统一的监督、考核与绩效评估标准，通过总馆远程实时监控、分馆与社区阅读中心月度巡查和委托第三方公司年度考核评估相结合，形成较为完善的监管与考评机制；成员馆之间通过考核评优形成良性竞争，并制定激励政策调动馆员积极性，鼓励年轻馆员到街道分馆工作，充分发挥模范带头作用。

"宝安模式"的特点之四，技术赋能，不断创新。关注新技术发展动向，对体系成员馆的业务和服务流程、现有系统进行梳理、整合、提升，在"图书馆之城"统一服务平台基础上，构建全体系"一张网"，打造便捷、智慧、高效服务的智慧图书馆集群。通过深入挖掘新技术在图书馆的应用场景，引入智能分拣系统及智能机器人、智能书架、无感借还通道等设备，打造 VR、AR 等智慧体验空间，实现图书馆服务与新技术融合发展。

宝安区图书馆的建馆三十年，是紧跟时代步伐的三十年，从单馆服务发展到基层网点建设，再到全区实现体系化运作，期间逐步完善了制度设计、人才队伍构建、服务与活动品牌打造、"图书馆 +"与文旅融合等，总分馆体系进入了标准化、均等化、数字化、一体化、智慧化的发展新阶段。本书由一群参与全区公共图书馆体系建设，并一直工作在服务一线的图书馆员共同撰写，从体系设计、读者服务、阅读推广、资源建设、业务保障、考评机制和创新思考等不同角度进行阐述。其中，绪论由周英雄撰写，第一章由赵巳雨撰写，第二章由叶雨萌、麦敏华撰写，第三章由麦敏华、周英雄撰写，第四章由李英、杨文敏、方玲、赵艺超、李梦嫦、付翠阳撰写，第五章由付翠阳、郑裕鸿、杨赟、李梦嫦撰写，第六章由曹婷、方玲撰写，第七章由王晶锋、颜湘原、郑家涛、高坤、颜巍梅、蒋雯笑、杨达志撰写，第八章由纪伟、郑裕鸿、叶雨萌、王晶锋、李梦嫦撰写，第九章由周英雄、周杰、郑裕鸿撰写。

本书对宝安区公共图书馆总分馆体系建设实践经验进行了一次全面总结，作为宝安图书馆建馆四十周年、宝安区图书馆成立三十周年以及新馆开馆十周年的一份特别献礼。同时，也希望本书能为国内外公共图书馆总分馆体系建设提供有益的参考和启示。

第一章　公共图书馆总分馆制建设概况

第一节　国外公共图书馆总分馆制总体情况

总分馆制是国际上公共图书馆发展的主要方向之一，也是图书馆服务均等化、普惠化、标准化的重要方式，各国因其国情不同，总分馆制的发展方向和路径也不尽相同，本节以公共图书馆事业较为发达的国家为例，展示各国公共图书馆总分馆制发展情况。

英国和美国公共图书馆起源较早。英国于 1850 年颁布《公共图书馆法》（*Public Libraries Act*），是世界上第一个颁布全国性公共图书馆法案的国家。美国于 1848 年建立的波士顿公共图书馆，是美国第一个向公众开放的图书馆。在公共图书馆管理和运行方面，两国的图书馆协会和非官方行政机构的委员会/管理局发挥着重要作用。公共图书馆（特别是社区图书馆）为居民提供就业培训和交流场所，在居民的生活中发挥重要作用。

在新加坡和日本的公共图书馆发展之路上，政府则扮演了更为重要的角色。新加坡政府以公共图书馆的发展为抓手，致力于促进全民阅读、终身教育，建立学习型社会，提高国家竞争力。日本则是以中小型图书馆为阵地，为当地居民提供服务。

一、英国："中心馆—社区馆"的总分馆制

1. 公共图书馆法推动英国公共图书馆总分馆制发展

英国于 1850 年颁布了本国最早的公共图书馆法案。20 世纪初，英国国会对该法案进行了修订，新版法案对英国公共图书馆网络布局产生了巨大的影响。它允许县议会在整个行政区域内建立图书馆并开展服务，允许现有的城镇

图书馆将其管理权移交给地方当局。因此，许多在当地社区资助下独立存在的小型图书馆可以纳入当地图书馆网络。《公共图书馆法》的颁布和修订成为推动该国公共图书馆网络专业管理的第一步 [1]。

1940年英国著名图书馆学家麦克考文（Lionel McColvin，1896—1976）受英国图书馆协会委托，对该国图书馆进行调研，最终发布著名的《麦克考文报告》，全称《英国公共图书馆系统：一份现状报告暨战后重组建议书》（ *The Public Library System of Great Britain: A Report on Its Present Condition with Proposals for Post-war Reorganization 1942* ）。《麦克考文报告》对未来的发展提出了建议：图书馆的组织网络应该是由总部、主要中央图书馆、分馆、中心图书馆、流动图书馆等组成，这些体系内的图书馆足以提供合适的馆藏给所有人。在随后的1959年，英国图书馆协会发表《罗伯兹委员会报告》，提出"英国公共图书馆成立管理机构，制定服务标准并由中央政府监督实施"。在社会各界人士的努力推动下，英国议会通过了《公共图书馆与博物馆法》（ *Public Libraries and Museums Act* ）并于1964年正式颁布 [2]。根据《麦克考文报告》等的思想，在各界的努力下，英国创造了真正意义上的公共图书馆体系 [3]。

2008年，英国颁布最新版《公共图书馆服务标准》（ *Public Library Service Standards* ），针对"图书馆在一定距离范围内的家庭覆盖率"设定了标准。以人口密度作为主要依据来确定图书馆的设置，从而有效解决资源分布不均的问题；在服务半径方面，通过明确图书馆与读者居住地之间的距离，保障读者能够在合理的空间距离内获得图书馆服务 [4]。

2."中心馆—社区馆"的公共图书馆总分馆制现状

在《公共图书馆与博物馆法》的指导和规范下，英国共设有208个公共图书馆管理局。其中伦敦图书馆管理局是成立于2000年的非营利性组织，其运

① MCMENEMY D.Public libraries in the UK：history and values[EB/OL].[2023-03-28]. https://cdn.ymaws.com/www.cilip.org.uk/resource/resmgr/cilip_new_website/plss/l1_and_l2_ethics. pdf.

② 曹磊.英国公共图书馆法律规范体系[J].中国图书馆学报,2011（2）:90-96.

③ 黄红华.麦克考文报告与近代英国公共图书馆发展[J].图书馆,2013（4）:42-44.

④ 赵媛,胡怡婷.面向《公共图书馆服务规范》修订的中英公共图书馆服务标准比较研究[J].国家图书馆学刊,2021（1）:3-13.

作资金主要来自伦敦各区图书馆、英国伦敦地区学术图书馆联盟、伦敦政府联合会、大英图书馆等机构的捐助，旨在以完善的图书馆与信息服务战略，向尽可能多的人开放伦敦图书馆网络系统丰富的资源。

在伦敦图书馆管理局的协调下，总馆与分馆之间实行人、财、物的统一管理、统筹规划、分工协作，努力实现真正意义上的资源共享。一般来说，总馆统筹图书馆人事和财务管理，负责图书资料的采购、分编，并对读者工作给出指导性意见；分馆主要负责图书资料的借阅流通与读者活动的策划和组织。

截至 2022 年，图书馆网络比较发达的大伦敦地区（包含英国首都伦敦与其周围的卫星城镇所组成的都会区）共 1579 平方公里，分布着 325 个公共图书馆[①]。这些公共图书组成"大众网络"，由伦敦图书馆管理局主持运作，现有员工数量超过 4000 人，纸本藏书 1600 万册，CD、磁带、有声图书、影碟和光盘共计 150 万套[②]，使公共图书馆服务网络合作紧密，服务品质得到提升，覆盖面得以扩大。

二、美国："中心馆—分馆"体系的总分馆制

1. 美国公共图书馆"中心馆—分馆"的形成

19 世纪 60 年代后期，美国波士顿公共图书馆委员会对本馆注册用户开展调查，发现东波士顿只有 1/26 的居民成为注册用户，低于其他地区，原因是东波士顿地区距离波士顿公共图书馆较远，因此东波士顿于 1870 年成立东波士顿分馆。这是美国第一家公共图书馆分馆[③]。

美国公共图书馆体系中，最初成立的分馆主要有三种情况。一种是社区居民自发成立的社区流动图书馆；一种是由贵族建立的图书馆，贵族贡献出私人藏书，使公众能够共享使用，早期的贵族图书馆并非免费开放，读者需要支付一定的费用才可以进入；第三种是由慈善家建立的分馆，钢铁大王卡内基（Andrew Carnegie，1835—1919）于 1897—1917 年间，在美国和加拿大捐资建立了 1900 个图书馆，其中很多图书馆后来成为图书馆体系中的分馆，此后，

　　① London Libraries.Our libraries［EB/OL］.［2023-04-19］.https://londonlibraries.net/.
　　② 王世伟.国际大都市图书馆服务体系述略［M］.上海：上海人民出版社,2013:273-286.
　　③ Boston Public Library.BPL history［EB/OL］.［2023-03-28］.https://www.bpl.org/bpl-history.

美国"中心馆—分馆"体系逐渐成熟①。

2. 波士顿公共图书馆模式

美国公共图书馆的波士顿模式是具有美国公共图书馆发展特色的模式,一定程度上代表了美国总分馆制的发展现状。

自 1870 年波士顿建立首个分馆以来,分馆数量迅速增加,1872—1900 年,已有 21 个分馆遍布波士顿不同的社区②。截至 2022 年底,波士顿公共图书馆体系由 1 个总馆、26 个分馆构成③。波士顿公共图书馆的服务模式可概括为馆藏服务和项目服务两大类型。馆藏服务是指图书馆依托图书、期刊、电子出版物、政府信息、网络数字资源等馆藏资源提供的各类访问、流通或咨询服务。项目服务是指图书馆结合读者或社区居民的需求,开设各具特色的文化活动或辅助教育活动,以满足用户的各类文化需求。

(1)馆藏服务

总馆提供大量研究性文献和商业性馆藏服务;各分馆则主要面向社区居民提供多样化的参考阅览服务,将社区居民聚集到公共图书馆④。

一方面,各分馆是为社区服务的独立实体,在馆藏资源建设方面有相同的特点,以满足社区居民的日常需求;另一方面,不同社区之间、相邻社区及社区内部各分馆之间提供差异化的馆藏服务,实现资源的互补和平衡。例如,多切斯特社区是波士顿较大的中心社区之一,波士顿公共图书馆在该区共设有 6 个分馆,其馆藏服务各具特色:亚当斯街分馆提供美国内战及第二次世界大战的文献;菲尔兹角分馆则收藏有关越南的读物;格罗霍尔分馆提供非裔美国人的文学作品;科德曼广场分馆收藏非裔美国人的研究性历史资料;阿珀姆斯角分馆收藏法语、葡萄牙语和西班牙语读物。这种差异化的馆藏服务不仅使有限的馆藏建设资金得到充分利用,同时显示了各分馆的独特性,避免了同质化,凸显了各分馆在整个系统中的特殊作用。

---

① 刘璇.美国公共图书馆"中心馆—分馆"体系溯源[J].国家图书馆学刊,2011(1):56-60.

②③ Boston Public Library.BPL history[EB/OL].[2023-03-28].https://www.bpl.org/bpl-history.

④ 陶俊,孙坦,金瑛.总分馆制下公共图书馆的服务模式研究——以美国波士顿公共图书馆系统为例[J].图书馆建设,2010(8):7-13.

（2）项目服务

波士顿公共图书馆所有分馆为婴幼儿及学龄前儿童开设"故事会""阅读准备""国际象棋课教学"项目；为中小学生开设"家庭作业辅导项目"和"暑期阅读计划"；面向成年人开展第二语言培训、一对一电脑培训、简历写作与工作技能讲习班、英语/西班牙语交流学习小组；面向所有读者举办"计算机基础教学"，还联合政府和社区中小学共同举办"市长梅尼社区学习计划"等。这些项目的实施充分体现了各分馆在社区教育辅助方面的价值，受到了社区居民的欢迎。通过与社区和其他文化机构的合作，各分馆不仅拓展了服务内容，而且与合作机构建立了良好的关系[①]。

三、新加坡："政府主导"的公共图书馆总分馆制

1. 为建立学习型社会推动公共图书馆总分馆发展

1994年5月，新加坡图书馆评估委员会发布《2000年的图书馆：为建设学习型国家而投资》(*Library 2000: Investing in a Learning Nation*) 报告，认为图书馆在新加坡建立学习型国家中扮演重要角色，是扩展国家学习能力的重要基础设施。报告提出将重新设计新加坡公共图书馆体系，建立由区域图书馆（Regional Library）、社区图书馆（Community Library）和邻里图书馆（Neighborhood Library）组成的三级图书馆系统，以确保图书馆的覆盖范围，为普通民众提供高质量的服务[②]。

为更好地完成上述评估委员会所规定的任务，新加坡通信和信息部（the Ministry of Communications and Information，MCI）于1995年9月1日成立了国家图书馆管理局（the National Library Board，NLB），管理新加坡图书馆事业。

2. "政府主导型"的总分馆制

新加坡公共图书馆以总分馆的模式进行建设。经过近30年的发展，至2021年，新加坡公共图书馆体系由28家图书馆构成，包括22家公共图书

① 陶俊,孙坦,金瑛.总分馆制下公共图书馆的服务模式研究——以美国波士顿公共图书馆系统为例[J].图书馆建设,2010(8):7-13.

② 62nd IFLA General Conference.Planing the library of the future—the Singapore experience[EB/OL].[2023-03-28].http://origin-archive.ifla.org/IV/ifla62/62-sabj.htm.

馆、3家区域图书馆、3家合作图书馆①。

（1）发展规划

图书馆评估委员会基本上以10年为周期规划新加坡图书馆事业发展。2005年发布的《2010年的图书馆：为您的生活与成功助力》（*Library 2010：Libraries for Life，Knowledge for Success*）提出了发展愿景和使命，其使命是拓展新加坡国人的学习能力，以增强国家竞争力，服务宗旨是为新加坡人民创造一个世界级、便捷高效的图书馆服务系统。2015年提出《图书馆2020年总体规划纲要：图书馆为生活服务》（*Library 2020 Masterplan：Libraries for Life*），该纲要以推动全民阅读为目标，旨在培养公民终身阅读的习惯，希望通过构建学习型社区，强调社区分馆与城市居民生活区融为一体，发挥社群作用，实现建设知识国家的愿景②。

新加坡这种提前对图书馆建设的愿景和使命进行规划的方式③，使他们对未来有一个明晰的奋斗目标，有助于图书馆的各项管理与服务积极跟进，互相协调。

（2）将图书馆融入商业和生活中心区域

新加坡有将近一半的社区分馆开设在购物商城或商业街中，政府还计划将更多的社区分馆搬入一站式购物商城，比如，乌节路社区图书馆选址在新加坡最繁华的乌节路购物商城，是新加坡首家由政府出资租借闹市购物中心商厦场地的图书馆，面积有1000多平方米，日均接待读者3000多人次，高峰时达5000人次。

这些根植于购物商城的社区分馆又被称为"Mall图书馆"。相较于其他社区分馆，Mall图书馆有如下优势：首先，Mall图书馆设立在人流密集的商业购物中心，它与居民的日常生活联系更加紧密，便于让更多居民享受到图书馆的公共文化服务；其次，Mall图书馆能利用商场中的人流量，拓展公共图书

① National Library Board.Annual report 2021［EB/OL］.［2023-03-28］.https://www.nlb.gov.sg/main/~/media/NLBMedia/Documents/About-Us/Press-Room-Publication/Annual-Reports/AR-2021-22.pdf.

② 付少雄,陈晓宇.全民阅读语境下新加坡公共图书馆社区分馆的规划与建设［J］.图书馆论坛,2018（9）:153-160,59.

③ 王世伟.致力于优雅社会的新加坡公共图书馆［J］.图书馆杂志,2005（11）:57-60.

馆业务，开展阅读推广活动、多元素养教育等；此外，由于其地理位置优势，Mall 图书馆组织的活动参与率较高，社会效益良好①。以上三点优势使 Mall 图书馆较一般图书馆分馆，更能满足读者的使用需求，也促进图书馆与社会同步发展，社会效益良好。

四、日本：“以中小都市公共图书馆为核心”的总分馆制

1.“以中小都市公共图书馆为核心”的总分馆制形成之路

根据日本 1950 年颁布的《图书馆法》，日本行政区划的东京都、北海道、京都府和大阪府、全国 43 个县都需要设立至少一个中央图书馆，其下辖的市、区、县、町需要依次设立分馆②，希望在全国范围内逐步形成比较完备的总分馆体系，以实现文献信息资源的全覆盖。该法通过之后的十余年，日本公共图书馆事业并未如该国经济发展一样快速起飞，而是进入了长期的低迷徘徊时期。面对如此情形，日本图书馆界积极行动起来，寻找符合本国公共图书馆事业发展的道路③。

1960 年，日本图书馆协会发布《中小都市公共图书馆的运营》（以下简称《中小报告》）的完成稿。《中小报告》主要针对日本公共图书馆的实际情况进行了调查，并提出发展建议，其主旨在于解决一个核心问题，即公共图书馆与“地区社会民众的关联”问题，为中小图书馆的标准化运营提供依据。对民众需求的满足成为日本公共图书馆事业发展的核心内容，与民众接触最为直接的中小都市公共图书馆自然成为整个公共图书馆事业的核心。日本公共图书馆界自此放弃了长期以来，包括《图书馆法》立法阶段不断被提及的以中央图书馆、大图书馆为核心的公共图书馆事业的组织方式④。

2. 东京公共图书馆总分馆制现状

日本公共图书馆事业发展迅速，是目前世界上公共图书馆事业最发达的地

---

① 付少雄,陈晓宇.全民阅读语境下新加坡公共图书馆社区分馆的规划与建设[J].图书馆论坛,2018(9):153-160,59.

② 周萍.我国公共图书馆总分馆建设模式研究[D].南京:南京大学,2015:47.

③ 曹磊.日本《图书馆法》得到落实的开端——《中小都市公共图书馆的运营》[J].图书馆杂志,2019(9):78-82,90.

④ 李易宁.日本《图书馆法》与公共图书馆事业的民主化进程[J].图书馆,2018(11):17-23.

区之一。根据东京都公共图书馆^①的调查，截至 2022 年，东京都共有 391 个公共图书馆（其中区、市、町、村、岛屿公共图书馆有 389 个），总藏书量为 5080 万册，服务读者 4732 万人，外借总量为 10852 万册^②。

东京的公共图书馆服务体系是以区（市）为地域单元的总分馆体制。在每一个区（市）中由一所图书馆承担总馆功能，称为"中央图书馆"，其他则为分馆，称为"地域馆"，总馆和分馆服务半径难以覆盖的地方，通过"汽车移动图书馆"来补充。同一服务体系内不同图书馆的建设主体相同，资金来源相同，总馆对分馆有行政管理权，工作人员统一调配，实行统一的服务政策，资源统一采购，通借通还，读者活动及图书馆宣传推广活动统一策划组织等。

东京的基层公共图书馆不太注重馆内阅览，外借是他们最核心的业务，这是日本自 20 世纪 60 年代以来形成的公共图书馆服务特点。"图书馆不是安静读书的大书斋"，"图书馆不是读书的地方而是借书的地方"，这是七八十年代在日本公共图书馆流行的口号。在这种理念指导下，东京基层公共图书馆一般配置的阅览座位都不多，有的图书馆使用阅览座位还限时，比如每人每次 2 小时，也有的根本不配备成套的阅览桌椅，只是在空档处放几个椅子权当阅览座席。有关公共图书馆的各类统计，也很少包括到馆人数、阅览人数等数据^③。

第二节　国内公共图书馆总分馆制建设与发展

一、中国内地（大陆）公共图书馆总分馆制建设起源

中国内地（大陆）公共图书馆总分馆建设起步较晚。2000 年之前，受"分灶吃饭"的财政体制影响，形成了一级政府建设并管理一级图书馆的基本模式。20 世纪 90 年代后期，一些发达地区的公共图书馆开始对"总分馆制"进

---

① 东京都是日本的一个都道府县，东京都公共图书馆包括了东京市和其他几个市区的公共图书馆，而东京市则是日本的首都，位于东京都中央，建有东京图书馆。

② 東京都公立図書館.都内図書館情報[EB/OL].[2023-03-28].https://www.library.metro. tokyo.lg.jp/lib_info_tokyo/uploads/R4_koutochou_ippan_1.csv.

③ 李国新.东京公共图书馆的布局与服务[J].山东图书馆学刊,2009（1）:39-44.

行探索和实践。

2000 年，在上海市委、市委宣传部指导下，上海市提出在不改变各参与图书馆的行政隶属、人事和财政关系的情况下，以上海图书馆为总馆，其他区县图书馆、高校图书馆以及专业图书馆为分馆，以信息技术为基础，以读者需求为动力，以共建共享为方法，以提高图书馆服务水平为目的而组建一种新颖的图书馆联合体，该联合体的切入点和重点是在全市实行统一的借阅卡制度，实行异地借书还书的"一卡通"。同年 12 月，上海市委宣传部下发《关于上海图书馆申请建设知识库和中心图书馆的批复》，明确提出增加中心图书馆及"一卡通"专项经费 1000 万元。启动仪式上，有 3 家公共图书馆、1 家大学图书馆加入[1]，开始实现总馆与分馆之间的文献资源和信息服务的共建共享。

2002 年 4 月，文化部下发了《文化部关于进一步活跃基层群众文化生活的通知》(文社图发〔2002〕13 号)[2]，指出："有条件的地方要积极推行中心图书馆与分馆制，发挥中心图书馆的资源优势，对区县、乡镇、社区、学校图书馆等实行文献统一采购，统一分编，通借通还，资源共享，增强中心图书馆的辐射能力和基层图书馆的服务能力，更好地为群众服务"。

2002 年，北京市建成了首都图书馆—区县图书馆—街道、乡镇图书馆的计算机信息服务三级互联网络，在总分馆建设实践的基础上，7 月北京市通过《北京市图书馆条例》，旨在改变北京市各系统图书馆垂直管理存在的各自为政的状况，拆除各类图书馆之间的围墙，打破条块分割的管理体制，促进馆际合作与资源共享。这不仅是北京市有史以来第一部关于图书馆的法规，也是国内第一部协调和规范各系统图书馆的综合性法规[3]。在文献信息资源建设方面，根据"统一规划、合理布局、分工协作、共建共享"的基本原则，北京市提出了整个图书馆事业发展的总体要求。在信息网络建设方面，确立了以首都图书馆为信息网络中心的图书馆网络建设目标。在技术标准方面，规定了图书馆的

---

① 王世伟.上海市中心图书馆的十年发展与未来愿景[J].图书馆杂志,2011(1):47-50.

② 文化部关于进一步活跃基层群众文化生活的通知[EB/OL].[2023-03-28].http://www.gov.cn/gongbao/content/2003/content_62415.htm.

③ 丁明刚.一部开拓性的立法杰作——评《北京市图书馆条例》[J].大学图书情报学刊,2003(4):92-94.

数字化、网络化、自动化建设必须遵循统一的技术标准，从而为北京市公共图书馆总分馆建设提供了法律依据。

2003年3月文化部在上海召开部分省市城市图书馆资源共建共享工作座谈会，时任文化部副部长的周和平对上海市中心图书馆总分馆建设实践给予了肯定。该会议的召开有力推动了中心图书馆与总分馆制的建设和发展。

随着我国经济实力提升、政府向服务型转变，满足公众日益增长的阅读需求开始排上地方政府的议事日程。进入21世纪，现代图书馆基本理念在中国完成重建，唤醒了图书馆人的职业精神，公共图书馆总分馆制建设开始在中国经济发达地区率先崛起。公共图书馆总分馆制实施之后，带来了服务效益的迅速提升和公众满意度的不断提高，这更坚定了地方政府进一步推广总分馆制的决心。地方实践经验很快被吸收转化为国家文化发展的方针政策，又面向全国普及推广[①]。

二、多种模式的公共图书馆总分馆制建设现状

中国公共图书馆总分馆制建设于2000年起步；2006年《国家"十一五"时期文化发展规划纲要》印发，提出在县（市）图书馆逐步实行总分馆制；2011年文化部、财政部联合启动"国家公共文化服务体系示范区（项目）创建工作"，明确了图书馆总分馆体制建设指标，图书馆总分馆制建设在全国广泛实践。由于中国幅员辽阔，东、中、西部地区的经济社会发展和自然条件差异很大，再加上现行公共图书馆实行分级财政基础上的多层管理模式和多元建设主体，这就决定了中国图书馆总分馆制建设不能照搬照抄欧美经验，不能以一种模式来框定各地因地制宜的创新发展。综合国内各地现有的公共图书馆总分馆制建设实践，已经逐步形成了三种各具特色的建设模式。

1. "多元投入、协同管理"：松散型总分馆模式

松散型总分馆模式是在不改变原有行政隶属及人事、财政关系的情况下，通过行业合作，在不同建设主体保障的资源之间建立共享机制。总馆只在业务上对分馆进行指导和协调，包括文献资源的统一分编、统一服务平台建设和数

---

① 金武刚,李国新.中国公共图书馆总分馆制建设:起源、现状与未来趋势[J].图书馆杂志,2014(5):4-15.

字资源共享，实现图书的通借通还。分馆作为独立建制的图书馆，保持财产和人员的独立性。这种模式通常由图书馆行业发起而不是政府主导，总馆只有业务管理权而没有行政管理权。该模式具有代表性的有上海中心图书馆体系、北京市公共图书馆计算机网络服务体系、杭州图书馆一证通等。

2. "多级投入、集中管理"：集约型总分馆模式

"多级投入、集中管理"集约型总分馆模式是在不改变原有行政隶属及人事、财政关系的情况下，总馆负责全区域内文献资源的采购、分编、加工，同时指导和协调读者服务工作；分馆专门从事各种读者服务工作；总分馆之间实行通借通还。在建设主体方面，一般由政府主导，由上级政府和下级政府共同出资，共同作为建设主体推行总分馆制建设。

这种模式实现了建设主体的部分上移，上级政府参与到分馆的建设中，发布相关文件并提供部分建设经费，总馆掌握部分人事和业务管理权。该模式具有代表性的有东莞图书馆集群网、嘉兴市城乡一体化总分馆体系、苏州总分馆模式等。

3. "单一投入、统一管理"：统一型总分馆模式

"单一投入、统一管理"统一型总分馆模式，突破了一级政府管理一级图书馆的传统体制，改变了原有行政隶属及人事、财政关系。总馆、分馆同属于一个建设主体，统筹投入；分馆是总馆的一个派出机构；人、财、物由总馆统一规划、统一协调管理，文献资源由总馆统一采购、分编、加工和调配。分馆从事读者服务工作，工作人员由总馆统一派出，总分馆之间实行一卡通用、通借通还、文献检索和数字资源共建共享。

这种模式与国际通行做法比较接近，具有代表性的有佛山禅城区联合图书馆、深圳福田区总分馆、信阳平桥区总分馆等。

各地总分馆建设模式，因地制宜、各具特色。截至 2021 年末，全国共有 2636 个县（市、区）建成图书馆总分馆制，建成分馆数量超过 2 万个，满足了基层民众阅读需求①。

---

① 中华人民共和国文化和旅游部.中华人民共和国文化和旅游部2021年文化和旅游发展统计公报[EB/OL].[2023-03-28].https://zwgk.mct.gov.cn/zfxxgkml/tjxx/202206/t20220629_934328.html.

三、香港特别行政区公共图书馆总分馆制建设

过去香港的公共图书馆由市政局管理。1986年区域市政局成立后，香港逐渐形成了两个公共图书馆系统，一个是由市政局管理的香港岛和九龙区图书馆系统，包含香港岛和九龙区29所公共图书馆；另一个是由区域市政局管理的新界区图书馆系统，包含郊区新界等22所公共图书馆。两个图书馆系统在很长的时间内都互不兼容，分别签发借书证并各自有独立的检索系统。自2000年开始，香港特别行政区政府的康乐及文化事务署（简称"康文署"）取代市政局和区域市政局，对全港公共图书馆实行统一管理和服务。2008年起，香港区议会开始参与本地区图书馆管理。此外，香港特区政府还分别于2004年和2008年成立图书馆委员会和公共图书馆咨询委员会，作为独立委员会向香港特区政府提出有关公共图书馆运营管理的咨询意见及建议[①]。

1. 基本情况

经过20多年的发展，根据香港康文署官方网站，香港公共图书馆网络截至2022年底共有71家固定图书馆和12家流动图书馆，登记读者多达471万名，馆藏书籍1519万项[②]。

2. 体系建设和服务

香港公共图书馆实行多层次的服务体系，图书馆按其规模划分为中心图书馆、主要图书馆、分区图书馆、小型图书馆和流动图书馆（车）5级体制，由香港特别行政区康文署统一管辖。公共图书馆系统中并没有象征管理中心的一个总馆，而是由康文署相关部门行使总馆职能，在管理方式上与通常意义上的总分馆制相似但更具优势。不同类型的图书馆按规模和区域各有分工，形成不同的馆藏和服务特色，它们之间没有相互隶属关系，由康文署统一管理，图书馆网络体系使用共同的图标、服务理念与规范条例，形成独有的香港公共图书馆文化。康文署统筹本地区公共图书馆的人事、经费、设备建设等，对公共图书馆资源进行统一采购、编目，并按照图书馆规模、服务定位、民众需求分配文献资源。各馆之间纸质文献通借通还，对于取得授权的电子资源也可共享，

---

① 宋家梅.香港地区公共图书馆标准研究[J].图书馆,2014（6）:77-80.

② 香港康乐及文化事务署.香港公共图书馆简介[EB/OL].（2023-03-23）[2023-04-01].
https://www.hkpl.gov.hk/tc/about-us/intro/intro.html.

市民可就近享受任何一家公共图书馆的服务[①]。

3.特色馆藏与地方文献

根据服务地区特色建立专题馆藏，各馆侧重点不同，相互形成补充。香港中央图书馆有艺术资源中心、香港文学资料室和地图图书馆，大会堂公共图书馆有工商业图书馆、创造力及创新资源中心和基本法图书馆，九龙公共图书馆的教育资源中心提供教育专科资源和服务，沙田公共图书馆设有"运动与健体"特藏并负责管理相关网页，屯门公共图书馆设有"食物与营养"特藏，荃湾公共图书馆设有"现代生活"特藏，并提供环保、健康和时尚生活资讯。香港公共图书馆管理"香港记忆"网站，与博物馆等机构合作，为读者整合不同来源的本地历史和文化遗产资料，包括文献、照片、海报、录音、电影及录像，再编制成38项特藏、20项虚拟展览和逾100个口述历史档案，供公众浏览。

4.联合开展多种阅读推广活动

公共图书馆与区议会、教育局、政府新闻处、学术界人士和特定范畴的非政府机构合作，举办各项活动，向区内居民推广阅读文化，以及推行多项计划，改善地区图书馆设施和阅读环境。2020—2021年，香港公共图书馆举办逾3000项阅读推广活动和图书馆外展活动，包括"2020年'与作家会面'系列：阅读成长路——写作人的故事""2020夏日阅缤纷""故事大使计划"以及"十五分钟的约会"等。在新冠疫情高峰期，香港公共图书馆在电子平台播放活动的视频，同时推出线上活动"故事·起动"和"作家与你线上说故事"，让儿童享受在家阅读的乐趣。

5.与学校合作

香港公共图书馆与香港教育局合作，为不同年龄段的学生提供特色化服务。推行"一生一卡"计划，并举办简介会，向教师和学校图书馆主任介绍图书馆的资源和设施，借此鼓励学生和教师善用公共图书馆服务和馆藏；合办"如何促进亲子阅读"工作坊，帮助教师和家长更好地掌握与儿童共读的技巧。16家公共图书馆备有香港都会大学的教材，方便市民自学进修。香港中

---

① 严贝妮,解贺嘉.香港公共图书馆均等化服务的调查与分析[J].图书与情报,2016(5):81-89.

央图书馆还设有转介服务，让读者登记后可阅览香港大学图书馆的馆藏，推动全民终身学习。

四、台湾地区公共图书馆总分馆制的建设

1945 年后，台湾地区重新搭建图书馆制度。1989 年，台湾召开图书馆会议，讨论台湾地区图书馆的革新事项与未来走向，议题之一为建立合作编目、流通、典藏制度，以促进资源共享。2002 年，台湾地区教育主管部门出台了《公共图书馆设立及运营基准》，以硬性指标规定了总分馆的基本建设，例如台北、高雄等台湾当局"直辖市"的市立图书馆"总馆至少应有五十万册（件），每年至少增加七千册（件）；分馆至少应有图书三万册（件），每年至少增加三千册（件）"（第 16 条第 2 款）；"总馆宜有二万平方公尺，分馆宜有一千八百平方公尺"（第 24 条第 2 款）；等等[①]。

台湾地区真正大规模地实行图书馆总分馆制主要在图书馆建设基础较完善的台北和高雄，其中一个原因是《公共图书馆设立及运营基准》第二十四条（馆舍设备）中，对县级及以下的图书馆没有分馆馆舍面积的规定，可理解为未对县级及以下图书馆是否设立分馆做硬性规定[②]。下面以台北市公共图书馆为例，简要介绍台湾地区公共图书馆总分馆现状。

1. 台北市立公共图书馆总分馆基本情况

台北市公共图书馆隶属于台北市教育局，以台北市立图书馆为总馆，截至 2021 年底共有 44 所分馆、12 所民众阅览室、8 所智慧图书馆、9 座自助借书站，工作人员 397 人[③]，累积读者证总数超过 292 万张，86.58% 的台北市民拥有读者证；总馆藏超过 855 万册，每位市民拥书量达到 3.39 册；举办推广

---

① 张鹏,任树怀,王艺静.台湾地区市立图书馆发展概况及制度特征[J].新世纪图书馆,2002（6）:65-69.

② 邱冠华.宝岛台湾的公共图书馆设置及体系管窥[J].新世纪图书馆,2011（2）:49-52.

③ 台北市立图书馆.总馆、各分馆暨民众阅览室分布一览表[EB/OL].（2022-12-08）[2023-04-19].https://www-ws.gov.taipei/001/Upload/430/relfile/18413/128294/04b4de82-5c17-442d-8380-d55bfbee5afe.pdf.

活动接近1.2万场次，超过136万人次参加[①]。该馆还提供终身学习、留学资源指引、多元文化及长者学习等服务。

2. 特色馆藏建设

台北市立图书馆利用较为完备的总分馆制建立了特色分馆，除一般基本馆藏外，选择一部分分馆进行特色馆藏建设。特色馆藏主题有42种，比如中仑分馆的漫画特藏、松山分馆的摄影特藏、北投分馆的生态保育[②]，既满足了市民多元化需求，又形成了总分馆服务的差异。

3. 积极与商业机构合作

为方便市民使用图书馆资源，获取图书馆服务，台北市立图书馆积极与商业机构开展合作，为市民提供便利。图书馆看准超商[③]据点数量庞大及24小时营业的特性，2015年2月率先与全家便利商店合作推出超商还书，2016年10月，结合台湾各地7-ELEVEN、全家、莱尔富近万家门店，向市民提供网站预约后到指定超商门店取书还书服务。在疫情冲击下，2020年超商借还书量较2019年增加14.24%。

---

①　［2021年］台北图书馆年刊［EB/OL］.（2022-12-08）［2023-04-19］.https://www-ws.gov.taipei/Download.ashx?u=LzAwMS9VcGxvYWQvNDMwL3JlbGGZpbGUvMzc1MjUvODU2NjkxMS85ZDc0M2M0NS0xNjI0LTQyYmQtOGFjNC03OWQ5YjA2ZTMxMY2QucGRm&n=MTEw5a6a56i%2fLnBkZg%3d%3d&icon=.pdf.

②　武克涵.台湾地区公共图书馆系统建设探析［J］.图书馆界,2017（1）:13-16,24.

③　"超商"指规模小但分布点位比较多的超市。

第二章　国内公共图书馆总分馆制的主要模式与案例

第一节　联盟协作式的松散型总分馆模式

在不改变原有行政隶属及人事、财政关系的情况下，通过行业发起合作，地区内公共图书馆建立起联盟协作式的松散型总分馆模式。总馆只在业务上对分馆进行指导和协调，包括文献资源的统一分编、统一服务平台建设和数字资源共享，实现图书的通借通还；分馆作为独立建制的图书馆，保持财产和人员的独立性，总馆对分馆没有行政管理权。本节主要讲述该模式较具代表性的实践：上海中心图书馆体系、北京市公共图书馆计算机网络服务体系、杭州图书馆一证通。

一、上海中心图书馆体系

2000 年 11 月，上海市委、市政府、市委宣传部指示开展"上海市中心图书馆"工程建设，打破图书馆之间行业壁垒。12 月，该工程正式启动，在不改变各参与图书馆的行政隶属、人事和财政关系的情况下，"上海市中心图书馆"以上海图书馆为总馆，以其他区县图书馆、高校图书馆以及专业图书馆等为分馆，以全市一卡异地通借通还（简称"一卡通"）作为中心图书馆业务发展的着力点，开始实现总馆与分馆之间的文献资源和信息服务的共建共享①。

上海中心图书馆体系具有以下特点：

一是突破了公共图书馆、高校图书馆、专业图书馆系统原有体制的藩篱。2002 年起，通过建立馆长例会制度、理事会制度，以及推进大学分馆、

---

① 王世伟.上海市中心图书馆的十年发展与未来愿景[J].图书馆杂志,2011(1):47-52.

企业组织共建共享建设，让不同行业的图书馆共同服务，资源共享，比如与残联和邮局共同构建为残疾人送书上门服务网络，组建了上海图书馆志愿者服务队和社会监督员队伍等。

二是以"一卡通"为支点，2003 年，上海市中心图书馆逐步实现了所有县区分馆"一卡通"的全覆盖，开始向街镇延伸发展。随着 2005 年 10 月普陀区甘泉路街道基层服务点揭牌，由市、区县和街镇组成的两级总分馆制开始形成，市级馆为各区县馆的总馆，而区县馆又为所属街镇馆的总馆，起承上启下作用。总馆是区域内的业务指导、资源建设、文献提供、采访编目、技术支持以及图书物流分中心。

三是重视主题馆建设。上海市大力推进图书馆服务与特定环境、群体结合，建设主题图书馆。比如 2010 年揭牌的文新分馆，是上海图书馆与新闻媒体的文新集团发挥各自在文献、网络、品牌等方面的优势，合作建成的全国首家公共图书馆的媒体专业分馆。截至 2021 年，上海市中心图书馆"一卡通"服务体系成员馆包括市级总馆 1 家，市级公共成员馆 1 家，区级公共成员馆 18 家，街道（乡镇）成员馆 218 家，其他成员馆 17 家，总计"一卡通"建设协议机构数达到 255 家，服务网点数达到 394 个[①]。

二、北京市公共图书馆计算机网络服务体系

2002 年，北京市出台了《北京市图书馆条例》，其中明确要求本市各级人民政府投资兴建的公共图书馆、学校图书馆、科学研究机构图书馆应当参加以首都图书馆为信息网络中心的图书馆网络建设。此后，"北京市公共图书馆计算机信息服务网络"和"一卡通"工程建设启动。

同年 12 月 26 日，"北京市公共图书馆计算机信息服务网络"正式开通，作为北京市政府 2002 年重要民生实事之一，该项目是以首都图书馆为中心馆和数据处理中心，以各区图书馆为分中心，以街道乡镇图书馆、社区（村）图书馆（室）为远程用户的图书馆四级联合服务网络[②]。首都图书馆作为服务网

---

① 上海图书馆（上海科学技术情报研究所）2021 年度报告［R］.上海：上海图书馆（上海科学技术情报研究所），2022：19-20.

② 北京市公共图书馆计算机信息服务网.北京市公共图书馆计算机信息服务网络［EB/OL］.［2021-05-17］.https://www.bplisn.net.cn/guide.html.

络的一级馆，承担网络中心馆的作用，区（县）馆作为服务网络的二级馆，也是各区（县）公共图书馆群的总馆，街道（乡镇）图书馆、社区（村）图书馆（室）等基层图书馆则充当服务终端，向公众免费开放①。

这种方式实现了北京市各级公共图书馆的联合检索、馆际互借、资源共享和图书"一卡通"服务，截至2021年1月，服务网络已覆盖了北京市16个行政区，联网成员馆已达420家。同时，以"一卡通"为联合服务支点，读者办理一张联合读者卡，就可以在任意一家成员馆借阅图书资料和在线浏览众多数字资源，也可以在开通了"一卡通"通还服务的成员图书馆异地还书。

三、杭州图书馆一证通

2003年起，杭州地区9家公共图书馆利用地区内成熟的互联网条件，整合全国文化信息资源共享工程、浙江省"东海明珠"工程和农村党员干部现代远程教育系统②，实行资源共享共建。此后，由杭州地区图书馆协会发起，杭州图书馆牵头，成立杭州市公共图书馆9馆馆长联席会，以契约的形式形成"九馆一证通"，即在保持各成员馆"人财物"不变的情况下，统一技术平台、文献分编、业务服务规范、图书信息管理系统，在文献通借通还、书目数据共享的基础上，实现大服务、大流通③。同时，开始了杭州地区"一证通"工程的策划、实施工作，加强乡镇（街道）、村（社区）基层服务点网点建设，再把西泠印社印学图书馆、杭州成人科技大学图书馆等专业图书馆和院校图书馆纳入"一证通"体系之中④，初步建立起地区文献服务保障体系，实现跨地区、跨系统文献信息资源的大整合、大流通、大服务，形成了基于"一证通"体系的联盟型总分馆服务形式，以杭州图书馆为总馆，划分为市—区—街道（乡镇）—村级（社区）四级分馆。

2007年杭州"一证通"工程获文化部群星奖。在这种模式下，资源互联

---

① 吴洪珺,倪晓建.面向普遍均等服务的公共图书馆管理体制探析——以北京市公共图书馆为例[J].图书情报工作,2011（1）:47-50.

② 国家图书馆学刊记者.跨系统联城乡的总分馆制——访杭州市图书馆馆长褚树青先生[J].国家图书馆学刊,2007（4）:36-40.

③ 梁亮,冯继强.城乡统筹的中心馆—总分馆模式研究:以杭州图书馆服务体系建设为例[J].图书馆理论与实践,2013（9）:12-14.

④ 苏唯谦."一证通"让杭州人享受家门口的图书馆[N].中国文化报,2007-04-11（1）.

互通，也通过 2006 年发布的《杭州地区公共图书馆服务公约》[①]进行服务规范，但这种模式发展到一定程度就遇到了基层馆分布不合理、各馆业务管理松散、财政经费保障不足等瓶颈。杭州这些年逐渐转为探索"专业主题分馆""杭州邻里图书馆"建设，截至 2021 年，杭州地区已建成主题分馆 26 家[②]。

第二节　业务统筹式的集约型总分馆模式

在不改变原有行政隶属及人事、财政关系的情况下，通过政府主导，由上、下级政府共同出资，地区内公共图书馆建立起业务统筹式的集约型总分馆模式。总馆负责全区域内文献资源的采购、分编、加工，同时指导协调读者服务工作及掌握部分人事、业务管理权；分馆专门从事各种读者服务工作，总分馆之间实行通借通还。本节主要讲述该模式较具代表性的实践：东莞图书馆集群网、嘉兴市城乡一体化总分馆体系、苏州总分馆模式。

一、东莞图书馆集群网

东莞图书馆总分馆制是以东莞图书馆为总馆，各镇区图书馆为分馆，村、社区（居委会）图书馆以及图书流动车为补充，吸收企业、学校等其他系统的图书馆加入的地区图书馆网群。东莞市委、市政府下发了《关于印发东莞地区图书馆总分馆制实施方案的通知》（东府办〔2004〕56 号）、《关于印发〈东莞市建设图书馆之城实施方案〉的通知》（东府办〔2005〕46 号）等文件，从政策层面明确了总分馆制实施计划，并且政府从资金和考评制度上给予了保证，同时以技术为突破口，开发了"Interlib 图书馆集群管理系统"，读者凭借"一卡通"可前往集群图书馆进行借还，也可随时随地享用整合的数字资源。

东莞集群图书馆不改变原有行政隶属及人事、财政关系，各分馆人员的工资和一切福利待遇仍归属于各级政府。各分馆的业务管理系统首期启动资金及网络费用由市政府统筹，其他运营经费由市、镇两级财政承担。总馆东莞图书

① 周宇麟,金毅.杭州公共图书馆基本服务免费[N].钱江晚报,2006-06-02（4）.
② 杭州图书馆.杭州图书馆 2021 年年报[R].杭州:杭州图书馆,2022:34.

馆负责统一文献资源采购、编目、通借通还等服务规范，建设数字资源库，实现资源共享以及开展图书馆工作人员培训等工作，建立统一的网络信息平台，研究制定各类业务的工作标准、要求和规则，加强对分馆业务工作的领导和考核；分馆则根据总馆制定的各项规章制度开展服务工作[①]。截至 2022 年 3 月，东莞图书馆通过总馆、分馆、服务站、图书流动车、24 小时自助图书馆、城市阅读驿站、绘本馆等三级网络、多种形态的合理布局，在全市范围内建立起 1 个总馆、53 个分馆、102 个服务站，实现全市 33 个镇（街、园区）24 小时自助借阅服务全覆盖的服务体系，形成了"一馆办证，多馆借书；一馆借书，多馆还书"的服务模式[②]。

二、嘉兴市城乡一体化总分馆体系

2005 年底，随着嘉兴市图书馆与秀洲区政府合作共建的嘉兴市图书馆秀洲分馆建成，嘉兴市总分馆建设进入初步探索阶段。2007 年，嘉兴市下辖五县乡镇分馆的建设工作全面启动。2008 年，嘉兴市政府出台了《嘉兴市构建城乡一体化公共图书馆服务体系的实施意见》[③]，对乡镇分馆建设进行了阐述和规范，确立了城乡一体化总分馆体系的目标，要求建设规划、管理运营、资源流通、读者服务等均达到城乡一体化，消灭城乡差距，实现"普遍均等，惠及全民"[④]。

嘉兴市城乡一体化总分馆体系是以嘉兴市图书馆为中心馆，以嘉兴市图书馆和五县公共图书馆为总馆，以图书馆乡镇分馆为纽带，以村（社区）图书室和图书流动车为基础，以企业、学校、部队等行业系统图书馆联合加盟为补充，以全天候多平台的数字服务为手段的公共图书馆服务体系。

乡镇分馆的建设和运行保障经费由市、区、镇三级财政分担，并实行管

---

① 东莞市人民政府.关于印发东莞地区图书馆总分馆制实施方案的通知[EB/OL].（2004-06-23）[2021-05-17].http://www.dg.gov.cn/zwgk/zfgb/szfbgswj/content/post_341917.html.

② 东莞图书馆.图书馆之城介绍[EB/OL].（2022-03-07）[2023-09-07].https://www.dglib.cn/dglib/tsgjs/201511/c2507d77143a45399abf835afd0450c1.shtml.

③ 嘉兴市人民政府办公室.关于印发嘉兴市构建城乡一体化公共图书馆服务体系的实施意见的通知[EB/OL].（2008-02-25）[2023-03-28].https://www.jiaxing.gov.cn/art/2008/2/25/art_1229567743_2363252.html.

④ 李国新.公共图书馆的"嘉兴模式"[N].中国文化报,2008-09-21（4）.

办分离①。嘉兴市图书馆对于三级政府投入的财政经费进行集中管理，乡镇分馆的建设经费由市、县级图书馆集中支配②，业务则由总馆负责集中管理，图书统一采购编目、统一调配、通借通还、乡镇分馆馆长统一派出，乡镇分馆按照总馆要求招聘馆员接受总馆统一培训，并负责管理和指导本辖区内的村（社区）分馆，实行统一服务规范和标准。此外，在村（社区）分馆无法覆盖的区域，通过设置图书流通站、建设自助图书馆（智慧书房）、设置汽车图书馆服务点、送书下乡等方式提供延伸服务，从而实现嘉兴地区内的公共图书馆全覆盖③。嘉兴市公共图书馆总分馆制在业界被称为"嘉兴模式"，2013年被评为第一批国家公共文化服务体系示范项目。截至2023年4月，嘉兴市图书馆已建成1个总馆、1个少儿馆、19个乡镇（街道）分馆、43个智慧书房，62个礼堂书屋、1个汽车图书馆及300多个图书流通站④。

三、苏州总分馆模式

以苏州图书馆作为总馆，社区图书馆作为分馆所形成的"苏州图书馆—社区分馆"的总分馆模式被图书馆业内简称为"苏州模式"。该体系只有总馆和分馆两级，没有区、街道等行政级别分馆，总馆对分馆负全责，能够高效、低成本地满足读者需求，一定程度上提升了服务质量。

2004年苏州图书馆对市内公共图书馆服务体系建设进行调研，并于2005年出台《苏州市城区图书馆服务网络建设方案》，明确苏州总分馆模式是非政府主导的模式，苏州图书馆在"苏州模式"的发展过程中始终处于主导地位。政府及其他共建单位提供分馆场地、装修、设备和资金支持，并每年向苏州图书馆支付人员和图书经费，委托给苏州图书馆统一管理。苏州图书馆作为

---

① 李超平.中国公共图书馆服务体系"嘉兴模式"研究[J].中国图书馆学报,2009(6):10-16.

② 周萍,陈雅.我国公共图书馆总分馆建设模式比较研究[J].新世纪图书馆,2018(2):69-75.

③ 沈红梅,鲁祎.打破"篱笆墙"的公共图书馆——城乡一体化公共图书馆服务体系的"嘉兴模式"实践与探索[J].图书馆研究与工作,2018(10):6-13.

④ 杭州网.双双再次"出圈"！嘉兴"网红"图书馆长红有何秘诀？[N/OL].(2023-04-07)[2023-09-07].https://news.hangzhou.com.cn/zjnews/content/2023-04/07/content_8508453_2.htm.

总馆，负责安装软件、提供文献资源、调配委派管理人员并负责日常开放运行①。

2010年，苏州通过申报成为首批31个"创建国家公共文化服务体系示范区"之一，这成为突破"苏州模式"中"非政府主导"的瓶颈问题的契机。2011年9月，苏州市政府正式颁布了《苏州市创建国家公共文化服务体系示范区建设规划》《苏州市公共图书馆总分馆建设实施方案》，明确了总分馆的建设主体上移至区县级政府，管理上基本维持委托苏州图书馆管理的方式，对经费、采编、人员、图书周转、服务标准、活动联动、考核评估等进行了统一管理和建设，"苏州模式"进入了深化发展期。"苏州模式"的发展不难看出，政府主导是图书馆总分馆制发展的必然规律，苏州因时、因地制宜的总分馆制保障了公共图书馆总分馆框架的搭建和可持续发展。

第三节　集中管理式的垂直型总分馆模式

在改变了原有行政隶属及人事、财政关系的情况下，通过突破一级政府管理一级图书馆的传统模式，地区内公共图书馆建立起集中管理式的垂直型总分馆模式。总馆、分馆同属于一个建设主体、统筹投入，分馆是总馆的一个派出机构，人、财、物由总馆统一规划、统一协调管理，文献资源由总馆统一采购、分编、加工和调配，总分馆之间实行一卡通用、通借通还、文献检索和数字资源共建共享。本节主要讲述该模式较具代表性的实践：佛山禅城区联合图书馆、深圳福田区总分馆、信阳平桥区总分馆。

一、佛山禅城区联合图书馆

2002年9月，佛山市禅城区提出了建设"禅城区联合图书馆"的规划和设想，联合图书馆的人、财、物由中心馆统一管理和调配，总分馆所有图书通借通还，统一派驻分馆工作人员，使用统一的技术平台、统一馆舍环境风格、

---

① 本刊记者.扁平管理的总分馆制——访苏州图书馆馆长邱冠华先生[J].国家图书馆学刊,2007(3):12-17.

统一命名和标识，统一服务标准。经费上，以区财政投入为主导，街道和社区财政参与，企业和其他社会力量共同投入，多方投入，集中管理，打破"分灶吃饭"格局，管理权达到高度统一。

在分馆建设上，禅城区图书馆为总馆，街道馆为分馆。总馆对分馆行使统一的人事、财务、资源及业务管理权。分馆所有权与管理权分离，总馆全权管理，街道只协助、不干预；分馆运营（人、水电、图书等）经费由区政府承担，全部直接下拨给总馆，由总馆统筹安排。在基层服务点（成员馆）建设上，由总馆将条件成熟的基层图书馆如社区书屋、农家书屋、职工书屋、园区书屋、校园书屋、警营书屋等纳入禅城区联合图书馆服务体系，以基层服务点（成员馆）的形式开展服务。基层服务点（成员馆）的所有权和管理权不变，运营（人、水电、图书等）经费均由其自主承担或由其主管部门负责，总馆负责图书分编、人员培训、提供业务指导和技术支持等[①]。

2003年5月，禅城区联合图书馆第一家分馆"禅城区联合图书馆少儿分馆"挂牌成立。此后，禅城区联合图书馆充分结合当地镇街产业优势，建立有专业特色的分馆，先后建成"禅城区联合图书馆澜石金属图书馆"（第二家分馆，全国首家金属行业公共图书馆）、环市童装图书馆（全国首家童装行业公共图书馆）。这些专业特色分馆致力于收集行业专业文献，开展特色服务，最大限度地满足读者的专业信息需求。在区委、区政府和各级领导的高度重视与大力支持下，截至2021年底，禅城区联合图书馆已建有总馆1个，直属分馆4个，镇街分馆1个，基层服务点25个，公共图书馆服务网络已覆盖全区所有镇街[②]。

二、佛山南海区图书馆"读书驿站"建设

截至2021年底，广东省佛山市南海区已建立共有205个成员馆的公共图书馆三级总分馆服务体系，其中区级总馆1个、镇（街道）分馆7个、读书驿

① 佛山市禅城区图书馆.佛山市禅城区图书馆情况介绍［EB/OL］.［2023-02-17］.http://tsg.chancheng.gov.cn/cclib/zgzg/list_tt.shtml.

② 佛山市禅城区图书馆.佛山市禅城区图书馆2021年年报［R/OL］.（2022-03-25）［2023-04-01］.http://tsg.chancheng.gov.cn/cclib/zjgh/2022/08/18/3b16d6cfe2b74f0da03882d7f722d057/files/c8467e51c64f4e55b2e96eaa023ed668.pdf.

站189个、传统服务点8个[①]。在建设方式上，主要采取政府主导、多元投入、强化统筹、市区共建，以奖代补、激发活力和社会参与选址决策四种形式，并将基层服务点统一建成读书驿站；在运行管理上，成立了总分馆建设办公室，下设三个中心（即文献编目中心、配书中心、管理中心），通过部分购买服务，以三个中心为支撑构建管理运营体系。佛山市南海区总分馆建设思路主要是设施成网、资源共享、人员互通、服务联动，以读书驿站作为公共文化服务"最后一公里"的载体，把图书馆总分馆服务覆盖城乡，缩小了服务半径，使广大公众能够快捷方便、就近获得完善的图书馆服务，从而全方位、多角度助力"书香南海"建设。

三、信阳市平桥区总分馆体系

信阳市平桥区位于河南省南部，下辖18个乡镇。2010年，平桥区委、区政府以关爱留守儿童为切入点，千方百计加快农村公共图书馆一体化建设，制定印发了《信阳市平桥公共图书馆建设实施方案》（信平办〔2010〕6号），同时主动承担起建设主体的责任，在全区18个乡镇（办事处、管理区）按照"统一规划、统一图纸、统一标准、统一验收"的原则，标准化兴建乡镇公共图书馆。从规划和图纸入手，每座分馆建筑面积为821.22平方米，统一格局，统一颜色，设六大功能区[②]，形成"平桥模式"中独有的建筑风格，这在国内图书馆界非常罕见，能够加强市民对总分馆品牌的认知，有利于总馆对分馆工作进行统一管理协调。

2013年5月由平桥区委、区政府制定并发布了《平桥区公共图书馆管理办法》，明确规定了平桥区图书馆总分馆体系的经费由区财政统一拨付，其中总馆专项资金35万元/年（购书经费20万元，设备维护与活动经费15万元），各乡镇人民政府用于维护乡镇图书馆的水电费、设备网络费也由区财政按标准拨付。"平桥模式"以平桥区图书馆为总馆，以18个乡镇（办事处、管理区）图书馆为分馆，以社区街道图书室、农家书屋为支馆，以图书流通车为补充。

---

① 佛山市南海区图书馆.南图概况[EB/OL].（2021-12-17）[2023-04-01].http://www.nhlib.cn/nhtsg/a/web/lwenz?types=21.

② 丁文安.公共图书馆总分馆服务体系建设探究——以平桥区乡镇图书馆建设为例[J].图书馆研究,2014(6):68-71.

总馆负责对全区分、支馆开展图书采编、调配，并为各分馆配备 1 名业务骨干负责分馆业务工作，乡（镇）政府另配备 1—2 名馆员协助管理。区政府重视图书馆人才培育，于 2013 年从平桥区大学生村干部中招聘 21 名优秀的本科生作为乡镇事业编制馆员，送至武汉大学、东莞市图书馆学习图书情报理论知识和上岗实习，切实提升馆员的整体素质和业务能力。

第四节　深圳地区的总分馆模式

一、深圳"图书馆之城"建设背景及概况

1. 建设背景

1997 年 7 月，深圳市人大常委会通过了《深圳经济特区公共图书馆条例（试行）》，这是我国第一部地方图书馆法规，深圳成为全国第一个为图书馆立法的城市，为"图书馆之城"建设奠定了法律基础。"图书馆之城"是一个形象的概念，即把深圳建成一个没有边界的大图书馆网，以全市已有、在建和将建的图书馆网点和数字网络为基础，建立覆盖全城、服务全民的文献信息资源共享网络，实现图书馆网点星罗棋布、互通互联、资源共享，为市民提供功能完善、方便快捷的图书馆服务[①]。

2003 年 1 月，深圳市委三届六次全会提出了实施"文化立市"的发展战略和建设高品位文化城市的发展目标。随后，深圳市文化局党组在研究工作思路时提出了"以创建文化先进区为龙头，以实现市民文化权利为指导，以建设图书馆之城为特色"的要求[②]。国务院参事、时任深圳市文化局局长王京生提出，要大力发展公共图书馆网络，把建设资源丰富、服务便捷的"图书馆之城"作为深圳的特色文化加以规划和实施。同年 10 月，《深圳市建设"图书馆之城"（2003—2005）三年实施方案》（以下简称《三年方案》）印发，"图书

---

① 深圳市建设图书馆之城推进办公室.深圳市建设图书馆之城的理念与实践[M].深圳:海天出版社,2006:39-40.

② 深圳市建设图书馆之城推进办公室.深圳市建设图书馆之城的理念与实践[M].深圳:海天出版社,2006:1.

馆之城"建设正式启动。2004年3月，深圳市委召开"实施文化立市战略工作会议"，把建设"图书馆之城""钢琴之城""设计之都"作为"文化立市"战略的主要支点，全市逐步掀起"图书馆之城"建设热潮。

2. 发展历程

《三年方案》的主要目标是：加强图书馆基础设施建设；建立全市各系统、各类型图书馆互联互通的文献信息共享平台；构建区域图书馆联盟和数字图书馆网络，拓展图书馆服务功能及覆盖面。以此为契机，区级和基层图书馆队伍迅速壮大，盐田区、龙岗区图书馆建成启用，全市先后建成6家区级图书馆，被市文化局评定达标的社区图书馆从2002年的204家增加到2005年的471家。2004年8月，深圳市图书馆与南山区图书馆、宝安区图书馆签署《深圳市公共图书馆"通借通还"协议书》，三馆在全市率先开展图书通借通还服务，至2005年底，全市所有区图书馆均加入通借通还系统。

2007年3月，深圳市委宣传部、市文化局联合制定了《深圳市建设"图书馆之城"（2006—2010）五年规划》，"图书馆之城"建设继续向网络化、体系化方向迈进，规模效应逐步显现。2006年7月，由深圳市政府投资7.78亿元、建筑面积达4.9万多平方米的深圳市图书馆新馆正式对外开放。2007年5月，深圳市南山区西丽街道建成南山区图书馆同富裕分馆，由于服务对象大部分为外来工，新闻媒体将其称为"全国第一家外来工图书馆"[①]。2008年4月，由深圳市图书馆自主研发的第一台"城市街区自助图书馆"投入服务，该项目一期布点40台，被列入首批国家文化创新工程，2010年荣获文化部第15届群星奖。2009年，"图书馆之城"统一服务平台启动建设，通过统一全市各公共图书馆的条形码、RFID标签，建立统一的书目和读者数据库，实现对馆藏、读者和流通数据的集中运作和管理，打造"全城一个图书馆"。至2010年底，全市加入统一服务的公共图书馆达到28家[②]。

进入"十二五"时期，随着《深圳市建设"图书馆之城"（2011—2015）五年规划》出台，"图书馆之城"建设与运作逐步规范化、标准化和体系

---

① 余子牛.惠施百姓 功载千秋：深圳建设图书馆之城的时代意义[J].深图通讯,2006(1):52-53.

② 张岩,王洋.从探索实践到先行示范——"图书馆之城"的深圳模式[J].图书馆论坛,2021(1):64-70.

化。从 2012 年起，由深圳市图书馆牵头制定《社区图书馆服务规范》（WH/T
73—2016）等多项行业规范和标准，大大提升了"图书馆之城"的管理与服
务水平。2013 年，深圳"图书馆之城"统一服务被授予"广东省特色文化品
牌"。以罗湖区"悠·图书馆"和宝安区社区阅读中心为代表的基层图书馆建
设，实现了模式创新、形象创新和服务创新。罗湖区"悠·图书馆"荣获中国
图书馆学会"2016 年最美基层图书馆"称号。以"图书馆之城"为依托，全
民阅读推广在各级各类图书馆阵地深入持续开展，"4·23 世界读书日""图书
馆服务宣传周"以及"深圳读书月"等系列主题活动深入人心。联合国教科文
组织于 2013 年 10 月授予深圳"全球全民阅读典范城市"称号。

　　2016 年发布的《深圳市"图书馆之城"建设规划（2016—2020）》，为
深圳图书馆行业在新时期高质量发展，创新体制机制，全面提升服务效能等
方面提供了指引。2016 年 4 月 1 日《深圳经济特区全民阅读促进条例》施行，
为深圳开展全民阅读提供了法律依据和保障，深圳成为全国第一个为阅读立
法的城市。2018 年，《深圳经济特区公共图书馆条例（试行）》的修改工作正
式纳入立法计划。全市各级公共图书馆纷纷加大投入，进行场馆改建或新建，
深圳图书馆北馆、罗湖区图书馆新馆、龙华区图书馆新馆等建设项目先后启
动，光明区图书馆新馆、坪山区图书馆新馆、盐田区 10 家"智慧书房"等建
成并投入使用。2019 年"深圳读书月"期间，深圳这座"图书馆之城"正式
推出免证免押金"鹏城励读证"，是继 2013 年推出"励读证"（仅深圳宝安、
龙岗、福田、光明四区通用）、2017 年推出"学生励读证"后读者服务的全
面升级。

　　3. 建设成果与展望

　　经过二十多年的建设，一个以市图书馆为龙头馆和中心馆，以各区图书
馆为区域体系总馆，以街道和社区图书馆、城市街区自助图书馆为基层网点
的城市公共图书馆服务体系已发展成熟。截至 2021 年底，深圳全市共有各类
公共图书馆（室）、自助图书馆合计 1043 个，"千馆之城"规模不断扩大。其
中，全市街道图书馆覆盖率 100%，社区图书馆覆盖率 75.83%，有 771 个服务
网点〔含 465 家公共图书馆（室）和 306 台自助图书馆〕加入统一服务体系，
占全市公共图书馆总量的 63.09%。2021 年，全市公共图书馆进馆读者 2084.60
万人次，统一服务累积注册读者达到 341.78 万人，统一服务年文献外借量达

到 1607.19 万册次，举办读者活动 19489 场，参与读者 1188.77 万人次，"爱阅之城"形象深入人心[①]。

在"十四五"规划期间，深圳图书馆界将继续推动法规体系的完善，坚持机制创新，全面实行以区图书馆为总馆的垂直总分馆制，实施"基层图书馆品质提升工程"。通过中心馆统筹"图书馆之城"业务，全面推进全市公共图书馆资源共建共享和统一服务，建设与完善网络数据中心、联合采编中心、地方文献中心、文献调配中心和城市街区自助图书馆网管理中心。升级"图书馆之城"统一技术平台，全面部署新一代中心管理系统（ULAS V），构建标准统一、数据共享、监管有效、全面覆盖、泛在互联的"图书馆之城"云平台。推进公共图书馆智慧空间建设，打造线下智慧服务空间和场景。在平台、空间、体系等维度全面打造新型"图书馆之城"。

二、各区总分馆制建设及运营

1. 重点建设主题分馆的总分馆模式

（1）罗湖区"悠·图书馆"模式

"悠·图书馆"是罗湖区图书馆探索总分馆体系、升级改造基层图书馆的成功典范。2012 年 12 月 19 日，首家"悠·图书馆"在深圳市罗湖区北斗路新天地名居正式开馆，标志着由罗湖区图书馆打造的全新社区图书馆服务品牌——"悠·图书馆"全面启动[②]。"悠·图书馆"作为罗湖区图书馆的直属分馆，实行总分馆制的管理模式，即由总馆（罗湖区图书馆）统一配置分馆工作人员、图书文献、技术及设备、活动及服务等资源，进行一体化管理、运行与开放服务。截至 2021 年底，全区已建成区图书馆（总馆）1 家，"悠·图书馆"25 家（街道馆 10 家、社区馆 15 家），基层服务点（社区图书馆）75 家，馆外流动服务站 37 个[③]，形成以"悠·图书馆"为特色、覆盖全区的公共图书

———————————

① 深圳图书情报学会,深圳图书馆.深圳"图书馆之城"2021 年度事业发展报告[R].深圳:深圳图书情报学会,2022:2-4.

② 罗湖区图书馆.激活社区 乐享悠然——罗湖区图书馆悠·图书馆概况[EB/OL].（2015-01-23）[2021-06-15].http://www.szlhlib.org.cn/web/information.do?actionCmd=childList&pid=123&id=125&isChild=1.

③ 罗湖区图书馆.深圳市罗湖区图书馆2021 年报[R].深圳:罗湖区图书馆,2022:3.

馆总分馆服务网络。

每个"悠·图书馆"配置了 3000 册以上的热门图书，均支持在深圳"图书馆之城"成员馆间通借通还，此外还配备 120 种时尚、畅销的报刊，8 台电子书阅读 Pad 及 3 台电脑，为市民提供纸质图书外借、馆内外数字资源阅览、馆际互借等服务。在"2013 年出版界、图书馆界全民阅读年会"上，"悠·图书馆"案例在 110 项案例中脱颖而出，获得"全民阅读优秀案例"一等奖。

罗湖区"悠·图书馆"模式的特点有：

①从场地建设开始介入。"悠·图书馆"从空间上颠覆传统图书馆以"书"为中心的布局方式，突出以"人"为中心。通过灵活的合作办馆方式，从选址起，总馆介入相关工作，与有意愿合作共建的社区、楼盘小区签署协议，由合作方提供场地并承担物业费用，由罗湖区图书馆结合不同的需求与特色，进行空间设计与装修、采购设施与馆藏，维持日常开放服务，营造不同主题、环境舒适、体验良好的社区公共文化空间。针对辖区学校、工业园区、商业空间等，通过协议合作，由合作方提供场地并承担空间装修费用，由罗湖区图书馆提供设施、馆藏资源以及日常开放服务[①]。每一个"悠·图书馆"都是不同的，目前已建成设计、佛教、生活、教育等不同主题图书馆。

②馆舍专业标准化。在人员配置上，由总馆通过购买服务统一招聘分馆工作人员，在专业素养和技能培训上有统一的标准。此外，在资源配置上，重点配置电子资源，读者通过网络可阅读罗湖区图书馆各种电子资源、全国文化信息资源共享工程的资源。每馆都配备了高速上网的电脑和最新的 Pad 阅读器，供到馆读者阅读电子资源。

③打造社区生活文化品牌。"悠·图书馆"着力聚集社区人气和社区资源，实现社区服务与图书馆服务的融合发展，打造社区公共文化活动平台，联合社区的专业人士、居民、志愿者等广泛开展多主题的社区沙龙活动，"悠·图书馆"还为社区居民提供出行、医疗、办证、社区活动指引等资讯，提供文化活动的空间，联合社区居委会等社区办事机构设立便民服务点。选址社区，服务社区，统一的形象标识，使得"悠·图书馆"的社区生活文化

---

① 高小军.以社区为中心的现代社区图书馆服务模式研究——以深圳市罗湖区"悠·图书馆"为例[J].图书馆论坛,2017(3):57-66.

品牌形象深入民心。

（2）盐田区"智慧书房"模式

2016 年，盐田区出台《盐田区公共图书馆管理办法》，盐田区图书馆沙头角分馆成为区内首个实现人、财、物垂直管理的街道分馆，盐田区图书馆总分馆垂直一体化管理模式开启。2018 年，《盐田区公共图书馆总分馆制建设实施方案》（深盐府办函〔2018〕38 号）提出通过创新总分馆制管理模式构建"1+5+10+N"总分馆服务体系。截至 2021 年底，盐田区已建成"区—街道—社区"的三级公共图书馆服务网络，除 1 个总馆（盐田区图书馆）、5 个街道级分馆、10 个智慧书房和 19 个社区服务点外，还有 21 个社会合作服务点[①]，形成了特色化、标准化、智慧化的垂直一体总分馆"盐田模式"，其中总馆负责统筹规划本区域总分馆建设，制定本区域总分馆业务标准、规范和制度，统筹经费、人员、资源，管理全区公共图书馆的建设与运营。部分分馆的运营服务采取委托购买第三方服务的方式，总馆统一申请和调拨经费，定期对分馆及服务点进行绩效评估[②]。在坚持"政府主导不放松、公益属性不突破"的原则下，充分撬动社会资源，拓展新型阅读空间，形成了"馆企融合""馆校融合""馆家融合""文旅融合"4 种社会参与模式。

盐田区"智慧书房"模式的特点有：

①自上而下主导规范，自下而上吸纳合作。《盐田区公共图书馆管理办法》《盐田区公共图书馆总分馆制建设实施方案》等政策文件的出台为总分馆垂直一体化管理保驾护航，实现了总馆与分馆"人、财、物"三个要素的垂直统筹，将原隶属于街道的各级图书馆人事、财政权限全部划归区图书馆直接管理，还实现了垂直统一领导管理、人员培训、资源配给、服务标准、设计标准、绩效考评等"六个统一"[③]。2021 年，盐田区文化广电旅游体育局出台了《盐田区新型公共阅读空间运营扶持暂行管理办法》，对智慧书房、"粤书吧"

① 深圳盐田创新"智慧+社会合作"模式书写图书馆高质量发展答卷[N/OL].华夏文旅，2022-09-15[2023-02-17].https://baijiahao.baidu.com/s?id=1744006536947972814&wfr=spider&for=pc.

② 深圳图书情报学会，深圳图书馆.深圳"图书馆之城"2020 年度事业发展报告[R].深圳：深圳图书情报学会，2021：115-118.

③ 尹丽棠，李星光，陈敏，等.深圳市盐田区图书馆总分馆垂直一体管理模式[J].图书馆论坛，2021（8）：72-77.

等新型文化服务空间的社会化合作运营采取扶持方式予以奖励，明确了社会参与的激励机制，"自下而上"做好服务、形成"智慧+"品牌效应后，吸引社会资源上门寻求合作共建。

②重点打造智慧书房品牌。2020年，10家智慧书房集中亮相，遵循"一书房一主题一特色"原则，充分彰显盐田区域特色，将书房设置于人口密集的公园、商业街区、海滨栈道等，从前期建设起，融入人文景观文化和山海旅游特色，打造了"听海""灯塔""邂逅""中英街""遇见""悦海""望海""观海""春天海""栖息"10家智慧书房，面积均不少于100平方米，提供阅览休闲空间，以及信息查询、阅读推广等服务，场馆实现无人值守、指静脉和人脸识别登录、自我预警、自动控制、节能减排等智能管理。《无人值守智慧书房设计及服务规范》规定每家书房设一名专职人员定时进行图书管理、安全巡查设施维护、物流协调、卫生保洁等工作，并招募志愿者提供业务引导服务。

③"智慧+"融入总分馆建设管理。盐田区图书馆构建"智慧+"公共图书馆建设框架走在全国前列，其独创的"公共图书馆智慧服务平台"有效推动了图书馆行业文化与科技的有效融合，获批第四批国家公共文化服务体系示范项目创建资格[①]。总分馆垂直一体化智慧服务平台以智慧技术创新，实现数据、资源、物流等的统一集中管理与服务。结合AI、物联网、移动服务等技术及智能书架、智能座席和智慧墙等硬件设施，探索建立主题多元化、模式多样化、覆盖全面化的智慧图书馆总分馆服务体系。这种做法不仅在行政体制上实现垂直一体化管理，还通过科技手段提升了垂直一体化管理模式的服务效能。

（3）南山区"南山书房"模式

2003年，南山区开始探索盘活基层图书馆资源的路径。结合该区实际，确立了以南山图书馆为总馆、由南山图书馆与相关的企业或者社会机构合作开办分馆、总分馆间一体化管理的总分馆模式。2005年，南山区第一家分馆众冠分馆在大型工业园区内建成，由南山图书馆与众冠公司合作开办，在这之后，南山区图书馆与企业机构合作，陆续建成了同富裕分馆、百旺信分馆、赤

---

① 中华人民共和国文化和旅游部.国家公共文化服务体系示范区（项目）创建工作领导小组办公室关于公示第四批国家公共文化服务体系示范区（项目）创建资格名单的公告[EB/OL].（2018-03-09）[2021-07-01].https://www.mct.gov.cn/whzx/ggtz/201803/t20180309_831434.htm.

湾分馆、华侨城分馆、蛇口育才分馆等，各分馆与南山区图书馆统一管理、一卡通用、通借通还、资源共享、活动互动。此外，按照共建方场地的特点提供特色服务，如华侨城分馆重点打造旅游、体育主题特色服务，蛇口育才分馆着重为周边中小学生服务[①]。

2020年，南山区图书馆推出"南山书房"项目，充分利用南山区作为高科技强区、文化大区和科技文化融合示范基地的优势，面向社区读者，打造五大核心空间：沉浸式阅读空间、智慧化管理空间、数字化学习空间、差异化服务空间、24小时自助服务空间。首个"南山书房"由人文大家陈平原教授领衔，命名为"平原轩"，使用面积约170平方米，共设21个独立的沉浸式阅读空间，可同时容纳40位读者。馆舍通过智能管理，自助服务，利用半隐蔽的沉浸式阅读空间，围绕陈平原教授的作品，举办主题沙龙交流活动，把人文、智能、阅读结合起来，使这一公共空间成为文化与人际交往的纽带。"南山书房·平原轩"2021年到馆读者达6.4万人次，预约次数超过12万，沉浸式阅读区高峰时段平均上座率为86.42%。

2. 社会力量深度参与的总分馆模式

（1）坪山区社会化运营总分馆模式

2019年7月，坪山区政府印发《坪山区公共图书馆总分馆制建设实施方案》，提出建设以区图书馆为总馆，以街道图书馆、社区图书馆为直属分馆，以社区服务点、集体借阅点为补充的公共图书馆总分馆制服务体系，同时提出总馆和街道馆品牌化、社区馆标准化的建设思路，明确了总分馆建设的标准。截至2021年底，坪山区建成1家总馆、15家分馆，已实现街道级图书馆覆盖率[②]100%，区总馆统筹全区公共图书馆事业发展与规划，统筹安排分馆的人、财、物[③]。

该模式特点有：

①政府主导与社会参与相结合。坪山区是深圳市2017年新成立的行政区，

---

① 余子牛.深圳市南山区公共图书馆建设概况及改革设想[J].图书馆论坛,2006(2):228-231.

② 街道级图书馆覆盖率由街道级图书馆的数量占区下辖街道总数的比例计算所得。

③ 坪山发布.入选省级基地,坪山图书馆上榜![EB/OL].(2021-10-20)[2023-02-17].
https://mp.weixin.qq.com/s/dXGy7v3gnanjNzNVNmxUHg.

成立以来重视文化发展，大力实施"文化兴区"战略，区政府把坪山区图书馆的建设作为文化建设的重大项目。在区委、区政府的大力支持下，坪山区不断完善公共图书馆服务体系，创新机制构建模式、岗位人事制度、共建共治共享机制，打破传统行政级别和编制管理模式，按需定岗、以岗定薪、品质运营、专业管理[①]，确立了以理事会为主体的法人治理结构，邀请著名文化学者周国平担任坪山图书馆首任馆长，并邀请来自高校、公共图书馆、出版机构、研究院的专家代表建立第一届理事会组成专家咨询委员会，为图书馆发展规划、重大专业事项决议提供咨询和智力支撑。同时，采取"1+N+N+"总分馆体系建设战略实现阅读空间"全覆盖"："1"是坪山图书馆总馆，发挥"根"的作用；"N"是图书馆分馆及街道、社区直属分馆，发挥"开枝"的作用；"N+"则是通过进一步覆盖企业、基层公共文化服务中心等，发挥"散叶"的作用，促进阅读空间全覆盖。

②总分馆建设标准化、制度化。2019年印发的《坪山区公共图书馆总分馆制建设实施方案》，2020年印发的《坪山区全域阅读推广实施方案》，以及总馆研究制定的《深圳市坪山区图书馆内部控制制度汇编》《坪山图书馆总分馆建设运营标准化规范手册》等4项标准化手册，明确了总分馆标准规范化管理的思路，即总馆、街道馆实行品牌化建设、社区馆实行标准化建设，大范围实施全域阅读推广工作。上述文件以制度化的方式，指导开展全域总分馆运营及阅读推广工作，推进全域阅读网点执行统一服务标准。

③服务、空间特色化。坪山图书馆邀请全国学者名家与读者互动、开展活动，打造了"与周国平共读一本书"、"书话坪山"主题沙龙、"大家书房"会客厅、"坪山夜话"、"明新大课堂"、坪山自然博物系列讲座等多个品牌活动，并推动活动向精品化发展。打造特色书房，实现服务设施空间多样化，已建成2家加入全市统一服务的城市书房，即坪山图书馆·客家特藏馆和金龟自然书房分馆，优化图书馆的职能，使其成为一个集阅读、休闲、收藏、会客与展示为一体的文化空间[②]。

---

① 陆其美.坪山图书馆高质量发展的创新实践与规划探索[J].图书与情报,2021(1):32-37.

② 深圳图书情报学会,深圳图书馆.深圳"图书馆之城"2020年度事业发展报告[R].深圳:深圳图书情报学会,2021:118-119.

（2）龙岗区服务外包型总分馆模式

龙岗区 2007 年开始推进图书馆总分馆建设，已基本形成区、街道、社区图书馆总分馆服务网络。2018 年，龙岗区文体旅游局、财政局联合印发《关于推进图书馆总分馆一体化管理的实施方案》，以提升基层图书馆服务效能为目标，通过"三个统筹"和"五个统一"，推行以区馆为总馆的垂直管理的总分馆制。

2019 年 3 月，龙岗区完成"总分馆一体化管理服务项目"招标，确定以"购买服务，委托运营"的形式实现垂直管理，推进总分馆制建设。截至 2021 年底，龙岗区已形成以区图书馆为总馆，37 家直属分馆（街道分馆 11 家、区域分馆 26 家，全部纳入总分馆一体化垂直管理）为骨干，89 家基层服务点为网点，56 个馆外流通点和 36 台城市街区自助图书馆为补充的公共图书馆总分馆制服务体系[①]。

该模式特点为：

①整体购买服务，开展绩效管理。龙岗区通过"总分馆一体化管理服务项目"招标采购，将处在人口密集区，总馆及街道分馆有效服务半径以外的社区、工业园区的 200 平方米以上的馆舍建立区域分馆，把分馆的服务整体外包，引入社会机构参与图书馆业务。由共建单位推荐、总馆任命分馆馆长负责场地、物业及监管委托方的管理运营，由委托方招聘派遣分馆业务副馆长和管理人员负责分馆日常运行、读者服务等。总馆负责对分馆开展人员培训和服务考核，监督分馆运行及人员经费使用情况，每月公布分馆服务数据排名，定期召开分馆馆长和委托方的联席会议，商讨业务工作计划及方向。

②建设和管理规范化。《关于推进图书馆总分馆一体化管理的实施方案》明确了街道分馆是全区总分馆体系的骨干，应重点发展，要求全区每个街道至少建一个 3000 平方米以上的街道分馆。总馆结合专业理论、业务经验，参与到街道分馆的规划建设中，确保街道分馆高质量建设和发展。2021 年，全区 11个街道馆全面建设完成，建成及开放率达 100%。龙岗区图书馆对社区图书馆实行分类管理，按照场地面积大小、可否支持对外开放等因素选择是否将该馆纳入垂直管理体系、是否纳入"图书馆之城"统一服务。

---

① 龙岗区图书馆.2021年龙岗区图书馆事业发展报告［R］.深圳:龙岗区图书馆,2022:2.

③积极探索合作办馆模式。龙岗区图书馆与企业园区、学校合作办馆，已获得一定成效，建成天安云谷、坂田等分馆，为华为等企业和坂雪岗片区提供图书馆服务。2019年5月，将"社校共建"的龙岭学校分馆纳入全市统一服务体系并由总馆实行垂直管理，服务效益显著。近年持续推广龙岭社区"社校共建"模式，探索学校分馆节假日和寒暑假对外开放服务。

3.推进辖区网点全覆盖的总分馆模式

（1）福田区104家总分馆服务体系

福田区图书馆早在建设基层图书馆之始，就充分考虑区内总分馆模式建设相关情况。2003年，在建设"图书馆之区"、打造"学习型社会"背景下，福田区政府大量投入财政经费，一年内大规模建成社区图书馆23家。2004年、2005年新建社区图书馆数量分别为27、20家[1]，辖区内基层馆网点覆盖章不断提升。

2006年，《深圳市福田区公共图书馆管理办法》（福府办〔2006〕94号）出台，明确建成以福田区图书馆为总馆，街道图书馆为分馆，社区图书馆为服务网点的"区—街道—社区"三级公共图书馆服务网络。总馆与分馆统一拨款、统一采购、统一编目、统一配置、统一管理，实现业务一体化、标准化，资源共享化，并通过计算机网络实现通借通还。截至2022年，福田区已建成1个区馆（总馆）、10个街道分馆和93个社区（主题）分馆。

该模式特点为：

①政府主导，社区图书馆建设基础较完善。福田区委、区政府重视文化设施建设，2003年起下发多份与文化建设相关的文件，自上而下调动各部门进行文化建设分工合作，实现总分馆网点统一拨款、统一采购、统一编目、统一配置、统一管理。各分馆的所有文献、设备、经费由福田区图书馆统一配备。人员由合作方派遣，由福田区图书馆统一管理，人员经费由区财政统一拨付。福田区总分馆体系的建设基础和起点在国内相对较高，加之福田区连续几年铺开辖区内社区图书馆网点建设，网点覆盖率不断提高，体系成员馆的建设基础和实际效益良好。

②社会参与和法人治理相结合。2014年起，福田区图书馆引入社会力量

---

① 林蓝,肖焕忠.深圳市公共图书馆总分馆制比较研究[M].深圳:海天出版社,2011:11.

办馆，让政府、图书馆、社会人士、读者代表共同参与公共图书馆的建设。福田区图书馆主动进行机制体制创新，探索区域性公共图书馆服务体系发展治理结构，同年成为文化和旅游部确定的国家公共文化机构法人治理结构试点单位。福田区图书馆通过"理事会+总分馆"的立体辐射式服务体系，让来自各行业的理事成员站在不同利益群体的角度充分发表意见，并将其总结，形成可操作的工作指导。

③打造特色主题馆。福田区在建设特色主题馆方面也有不错的实践，建成文化主题图书馆（如音乐与书画主题图书馆、非遗主题图书馆、青年嘻哈文化主题图书馆等），与社会力量合作共建的主题图书馆（如绿色低碳主题图书馆、法治主题图书馆、运动主题图书馆、影像主题图书馆等）及依托城市规划政策建设的主题图书馆（如香蜜公园自然主题图书馆）。

（2）光明区"1+8+36+71"四级联动总分馆体系

光明区图书馆自 2012 年开馆以来，一直积极推进全区公共图书馆加入深圳市"图书馆之城"统一服务平台的工作。已加入统一服务平台的图书馆由总馆（光明区图书馆）统一委派工作人员、统一服务标准、提供文献信息资源共享等。2019 年 9 月，光明区人民政府办公室印发《深圳市光明区推进文化馆图书馆总分馆制建设实施方案》（深光府办函〔2019〕298 号），按照该方案，全区图书馆总分馆制逐步实行紧密型垂直管理模式，运营经费纳入总馆预算，实现标识统一化、设施标准化、资源共享化、管理信息化、服务体系化、图书通借通还、读者活动联动开展。

2021 年 2 月，光明区图书馆新馆开放，积极构建体系完善的区级图书馆总分馆制，已建成 1 个总馆 +8 个分馆（2 个直属分馆、6 个街道分馆）+36 个服务点（29 个社区服务点 +7 个企业服务点）+71 台 24 小时书香亭的四级图书馆总分馆服务体系。该模式特点为：

①受行政区划条件影响，总分馆建设起步较晚。光明新区于 2007 年从原宝安区划分出来，成为一个新功能区，2018 年经国务院同意设立深圳市光明区。在新行政区划架构下，原辖区内的街道图书馆和社区图书馆在建立新的区级图书馆前都由宝安区暂代管理，因此该区域总分馆建设起步较晚。截至 2021 年，光明区完全实行人、财、物直属管理的分馆只有 2 家，总分馆制垂直实施力度有待加强。

②大力推行 24 小时自助"书香亭"布点建设。"光明区 24 小时书香亭"项目是光明区文化发展"十三五"规划重点项目，由区级财政投资建设，光明区图书馆负责运营管理，整体加入"图书馆之城"统一服务。一期项目于 2017 年启动，2020 年二期项目获批。截至 2021 年底，光明区已完成部署"书香亭"71 台，布局于各个居民小区、文体广场、公园、学校、产业园区、行政服务大厅、商业区等市民密集的公共场所。这些"书香亭"使光明区市民便捷享受到自助、互联、24 小时开放的借书、还书、申办读者证、预约取书等免费服务，成为区内基层图书馆的有效补充。

第三章 "宝安模式"的总分馆制探索与实践

第一节 宝安区公共图书馆总分馆建设历程

一、历史的传承——深圳特区第一家区级图书馆

生活在宝安这片土地的人，会有一种自豪感。在曾经的宝安地区，孕育出了香港和深圳这两颗东方明珠般的城市。据《宝安区志》和《深圳市志》记载，东晋咸和六年（331年），宝安置县，因县北有宝山而得名宝安，其境域包括今深圳大部分地区、东莞、中山（部分地区）、珠海和香港、澳门地区，这是深圳地区首次建立县一级行政机构。

1980年8月，深圳经济特区正式成立，撤销宝安县建制。随着经济社会的飞速发展，深圳的行政区划多次调整。1981年10月，宝安县恢复建制，辖深圳经济特区以外的原宝安县，面积达1577平方公里。1983年，宝安县重新组建新的宝安县图书馆[①]，即如今宝安区图书馆的前身。据资料记载，彼时的宝安县图书馆位于新建成的宝安县城二区文化大楼内，书库面积40平方米，报刊阅览室面积35平方米。这样的体量以今天的眼光来看，还比不上一个社区图书室，但却意义非凡。因为从那时起，深圳第一个县（区）级图书馆诞生了[②]。

1992年8月，国务院同意撤销宝安县建制，将其划为深圳市的两个区：

---

① 在深圳市公共图书馆的历史中，有2家图书馆曾名为"宝安县图书馆"。前者是深圳图书馆，1980年宝安县改为深圳市，县馆改为市馆。后者是宝安区图书馆，其前身"宝安县图书馆"是新宝安县下的县级图书馆，1983年成立。

② 周英雄.宝安图书馆的嬗变[J].公共图书馆,2018(1):87-91.

宝安区和龙岗区。1993 年，宝安区、龙岗区政府正式挂牌成立，宝安县图书馆更名为宝安区图书馆。同年 7 月，位于宝安老城区的图书馆大楼启用，建筑面积 8119 平方米，即如今我们说的"宝图老馆"。从深圳经济特区成立前宝安县的"县图书馆"，到特区成立后属于"关外"一个县区的"宝安县图书馆"，再到宝安区成立以后的"宝安区图书馆"，拥有悠久历史的"宝安"二字，由宝安区图书馆继承下来，沿用至今。

二、宝图老馆，一代宝安人的精神家园

作为当时宝安区重要的文化建筑，宝安区图书馆（老馆）大楼开放初期曾承载着综合文化场馆的功能：一楼二楼为图书馆书库及阅览室，三楼四楼为"天下名人馆"，展示古今中外名人名家事迹；五楼六楼为区档案馆。随着宝安区基础设施建设的不断完善和广大群众对图书馆服务需求的增加，原来在大楼内的"天下名人馆"和档案馆陆续搬离，经过 1999、2008、2012 年三次较大规模的改造，大楼整体作为公共图书馆之用，增设了少儿阅览室、报刊阅览室、电子阅览室、活动报告厅等多个功能室，提供文献借阅、报刊阅览、参考咨询、电子阅览等服务。自 1993 年建成开放后近四分之一个世纪的时间里，宝图老馆累计接待读者近 2000 万人次，陪伴了一代宝安人成长。

2018 年元旦起，宝图老馆进入闭馆改造期。老馆大楼与周边的宝安区群众文化艺术馆、新安影剧院一起进行整体升级改造。改造后的"老三馆"华丽转身，成为新的公共文化服务综合体——"宝安 1990"。宝图老馆也有了一个具有历史感的新名字：宝安图书馆 1990 分馆。作为宝安区公共图书馆总分馆体系的一员，1990 分馆已于 2022 年 5 月起正式对外开放，以全新面貌、更舒适的空间、更丰富的馆藏服务广大读者。

三、宝图新馆，滨海宝安的文化明珠

为满足宝安人日益增长的文化需求，相关部门选址滨海中心区，按市级文化设施的高标准建设一座图书馆——宝安中心区图书馆，即如今我们说的"宝图新馆"。宝图新馆自 2004 年立项，2011 年开工建设，2013 年底建成并正式投入使用。

新馆总建筑面积达 48000 平方米，是国内规模最大的县（区）级公共图书

馆之一。场馆布局综合考虑了不同群体的阅读习惯和空间需求，设置婴幼儿馆、少儿馆、旅游生活馆、自助馆、青少年阅览室、图书借阅区、报刊阅览区、参考与专题服务区等阅览区域，以及"创客e家"体验区、姓氏家谱阅览室、政府公开信息查阅室、经典书房等特色功能区。全馆截至2022年底共收藏国内外图书、报刊、视听资料等各类文献204.76万册（件），收藏地方志、家谱族谱、年鉴、名录等反映宝安地方特色的地方文献8千余册，还提供包括中国知网在内的各类电子数据库52个（其中自建电子数据库8个）。除了提供传统的文献借阅和信息服务外，宝图新馆专门规划了读者活动空间，包括一大一小2个报告厅、1个多功能活动室、1个视听室、1个展览厅和5间培训室，用于举办各类型阅读推广和文化活动，丰富市民精神生活。

据统计，新馆自2013年底投入使用后，截至2022年底，累计办理读者证超过72万张，接待量从开放首年的88万人次攀升至2019年的351万人次，外借图书从开放首年的42万册次增至2019年的225万册次（受疫情影响，2020—2022年各项业务数据有所回落），服务量相比老馆时期有了跨越式增长。举办"宝图星期讲座""宝图英语沙龙""图图姐姐讲故事""书香雅韵"等各类线上线下公益讲座、培训、沙龙活动共计超过7500场/年，参与活动的市民逾300万人次。到宝图新馆看书听讲座，已成为宝安人双休及节假日的"习惯动作"。

四、总分馆制的发展——从松散型联盟到紧密型垂直管理

共享、融合、创新是宝安区图书馆的办馆理念，而持续不断地创新是宝安区图书馆人最显著的特点。多年来，宝安区图书馆在业内实现了多个"率先"：率先于1992年在全国县（区）级图书馆中引入ILAS图书馆自动化管理系统，并在1993年原老馆开放时，免一切证件向所有读者提供服务；1995年在县（区）级图书馆中率先利用境外报刊与互联网信息每半月定期进行《信息参考》等二次文献的编印，《信息参考》连续编印二十多年，已成为区领导进行决策的重要参考资料；2004年成立公共交流部，专门举办"宝图星期讲座"等公益读者活动，是全市最早成立专职部门开展阅读推广活动的图书馆；2013年在全市公共图书馆中率先提出"免押金借阅"并付诸实施，进一步推动读者借阅"零门槛"；2019年率先上线全国首个智能图书分拣系统，图书分拣效率较传统人工分拣提升 6 倍。宝安区图书馆建立区域性公共图书馆网络，2004年采用基于互联网的集中分布式业务管理软件对全区三级公共图书馆进行总分馆式的业务管理，在完善公共文化服务体系的实践中最具有先导意义。

1. "百村书库"——图书馆之城的源起

二十世纪九十年代初，作为深圳市郊区的宝安县（区），许多村镇因为引进"三来一补"企业，经济得到了长足发展，村民过上了富裕的生活，村集体经济实力较为雄厚。一些有远见的村干部带着对知识的渴求，在村里开办了村图书馆供本村村民和工厂工人使用。如沙井镇的万丰村、松岗镇的溪头村都建起了一定规模的图书馆。其中松岗的溪头村图书馆因其规模较大，受到了上级文化部门的关注，当时的文化部部长、图书馆司司长都曾亲临考察指导。这些为社会带来显著效益的村图书馆，成了后来"百村书库"的中坚力量。

1997 年，国家九部委发文开展"知识工程"建设。同年，广东省委宣传部在宝安区沙井镇召开"千村书库"建设现场会。借此东风，宝安区委、区政府决定启动宝安区"百村书库"工程建设工作。1998 年、1999 年宝安区委、区政府共拨款 1000 万元，把每年建 50 个村级图书馆列入"为民办实事"项目。当时采取以村集体建馆为主，区、镇两级政府资助为辅，村集体自行解决建馆所需场地设备的方式建设村级图书馆，每建一个村馆，区镇两级政府各补助 5万—10 万元的图书或设备。各村图书馆由村委会派人管理。

2002 年底，宝安区在市文化局组织的村级图书馆达标评估验收中，全区 127 个行政村共有 98 个村图书馆和 4 个社区图书馆达标，全区村（社区）图书馆藏书总量约 90 万册，年接待读者 113 万人次，外借图书 40 万册次，累计办读者证 2.7 万张，各项指标均居全市各区之首。宝安区"百村书库"工程建设被视为深圳市"图书馆之城"建设的源起。

2. "区、镇（街道）、村（社区）"三级公共图书馆联盟

2001 年，宝安区委、区政府发文要求各镇（街道）开展文化先进镇建设活动，要求每个镇（街道）实现"十个有"，其中包括"有一个中型图书馆"，面积要达到 600 平方米。这一活动促进了每个镇（街道）的镇级图书馆建设。至 2003 年该活动结束进行评比时，全区 10 个镇（街道）有 9 个建立起了镇（街道）一级图书馆，另外一个镇和辖区内规模较大的村图书馆合作建馆。镇（街道）图书馆隶属于各镇（街道）文体中心，业务上接受区图书馆指导。镇

（街道）图书馆建设起来以后，宝安区初步实现了区、镇（街道）、村（社区）三级图书馆网络架构。

2003年"图书馆之城"建设工作在全市正式启动。宝安区委、区政府加大了对公共图书馆建设的投入，宝安区图书馆在抓好自身建设的同时，积极探索新形势下的基层图书馆建设之路。在此阶段，宝安区经历了农村城市化的巨大变化。2003年10月至2004年10月，深圳用了一年时间将特区外的宝安、龙岗两区的所有镇建制改成街道，农村集体土地除了保留村集体必要的建设用地和村民宅基地外，全部收归政府所有。村民变身为居民，原村委会变成了居委会。深圳成为全国第一个在建制上无农村无农民的城市。这种变化对原来的基层图书馆，特别是村（社区）图书馆的建设管理体制带来了极大冲击。原来的村集体变身为股份合作公司，不再愿意承担无直接经济效益的村图书馆的开支。原本就不稳定的村图书馆经费更难以保障。考虑到农村城市化的现实情况，这一阶段，社区图书馆建设除场地由社区提供外，全部设备、书刊经费由区财政承担。仅2007年区政府就投资240万元建成了12家社区图书馆。所有这些新建社区图书馆在业务上作为区馆的分馆，纳入区馆的统一技术平台管理，但人员由社区自行管理。此阶段为松散型的业务总分馆体制。

3. 服务一体化：直属分馆和社区阅读中心

2008年，宝安区在总结以往基层馆建设经验教训的基础上，开始以新模式建设基层图书馆。以建设劳务工图书馆为契机，在全区人口密集的工业园区挑选场地建直属分馆。当年共建成11家图书馆，其中8家为直属分馆。这些直属分馆的建设由街道、社区、工业园区或企业提供场地，区图书馆提供书刊、设备、资源，建成后由区图书馆派人直接管理。街道文化主管部门负责协调和监管。场地提供方、区图书馆以及街道文化主管部门三方签署协议，明确各方权利与义务。

2010年，宝安区图书馆在当时仍属宝安的龙华街道富士康工业园区周围新建两家直属分馆。此次直属分馆建设由区政府全额投资，场地的租赁和装修也由区政府负责。直属分馆建成后由区馆直接管理，运营经费纳入区馆年度预算。直属分馆由于人、财、物均由区馆统筹并直接管理，在服务效能和社会效益上均取得不俗的成绩。这也为日后宝安区图书馆实行全区性的紧密垂直管理模式奠定了基础。

鉴于宝安早期建设的一些村（社区）图书馆因分散各自管理，普遍效益不高，部分已关闭，宝安区图书馆于2012年提出建设一批以"标识风格统一、服务规范统一、图书通借通还、由区图书馆垂直管理"为特征的社区阅读中心。2013年30家社区阅读中心建成并投入运营后，按区政府要求交由各街道管理，除未由区馆垂直管理外，关于统一标识形象、统一服务规范、纳入全市统一服务平台的目标都已基本实现。

4. 垂直紧密型的总分馆制

2015年，宝安建设迎来了"滨海"时代。区委、区政府提出建设"滨海宝安、产业名城、活力之区"，在此基础上，新一届区委、区政府提出了建设"湾区核心、智创高地、共享家园"的目标，民生项目的集团化建设如火如荼。在教育领域，宝安区成立了宝安中学集团、宝安幼教集团。在医疗领域，宝安人民医院集团、宝安中心医院集团相继成立。在文化服务领域，全区公共图书馆实行垂直紧密型总分馆制已是大势所趋。

经过多年探索和积累，2017年9月，区文体旅游局和区财政局联合印发《宝安区公共图书馆总分馆制建设实施方案》（以下简称《实施方案》）。宝安区通过行政手段大力支持公共图书馆总分馆制建设，在全国率先建立区、街道、社区三级紧密型垂直管理模式的公共图书馆总分馆制服务体系。按照《实施方案》，全区公共图书馆以区图书馆为总馆，街道图书馆为分馆，社区阅读中心为基层点，服务点和集体借阅为补充，实现全区公共图书馆事业统筹规划、经费统一安排、人员统一管理，文献资源统采统编、图书通借通还。

在《实施方案》的制度保障下，全区垂直总分馆体系进入持续快速发展阶段。截至2022年底，全区已建成开放的各级公共图书馆达119家，其中区级图书馆（总馆）1家、街道分馆10家、主题分馆1家、社区阅读中心61家、服务点46家，全部纳入总分馆体系，实现一体化管理。随着"十四五"规划的全面铺开，《实施方案》执行多年也需要修订完善。2023年，《宝安区公共图书馆总分馆制优化提升实施方案》由区文化广电旅游体育局和区财政局发布，为新时期全区公共图书馆事业继续高质量发展注入了新的动力。

第二节 "宝安模式"的体系与制度设计

从"百村书库"到垂直总分馆，"宝安模式"的基层图书馆建设一直坚持探索先行，从建"村（社区）图书馆"到"流动图书馆""劳务工直属分馆"和"社区阅读中心"，在不同的建设时期探索不同的实践模式。经过多年积累，到"十二五"规划后期，全区基层图书馆建设呈现出百花齐放的特点，基层馆数量、文献总藏量、服务读者总量等数据均居全市各区前列。随着总分馆体系建设持续推进，各项探索逐渐进入深水区，面临的深层次问题日渐突出：总分馆体系化程度不高，缺乏制度保障；各级基层馆建设主体不同，投入差异较大；管理水平不均衡，工作人员流动性大，整体服务效益不佳，基层馆缺乏可持续发展动力，等等。实行垂直管理的总分馆制是解决上述问题的有效途径。

一、制度保障："十三五"规划与《实施方案》系列

1. "十三五"规划指引体系发展方向

2015 年，宝安区图书馆牵头起草全区公共图书馆事业"十三五"规划，重点讨论制定全区公共图书馆总分馆建设目标、体系架构、制度保障、运营模式等。经过专家论证与研讨，《深圳市宝安区公共图书馆事业发展"十三五"规划》（以下简称《规划》）于 2016 年 10 月由区文体旅游局正式印发，这是全区专为公共图书馆事业发展制定的第一个五年规划。

《规划》制定的目标包括"十三五"期间，全区公共图书馆体系建设进一步完善，实现总分馆制服务标准化、均等化、数字化、一体化；到 2020 年，全区纳入全市"图书馆之城"统一服务平台的成员馆有 100 家以上；继续完善法人治理结构；加强全区从业人员队伍及义务馆员队伍建设；每年开展各类阅读推广活动 250 场以上；运用"互联网＋"思维，打造智慧图书馆；继续完善全区文献信息资源保障体系建设，"十三五"期间全区新购图书总量达 100 万册以上；制定并完善公共图书馆保障制度，保障市民与来深建设者的阅读权利……《规划》的制定，加快了"宝安模式"总分馆制度的探索进程，为垂直总分馆保障制度出台奠定了基础。

2.《实施方案》系列提供制度设计与保障

随着"十三五"规划出台，宝安区加快了公共图书馆总分馆体系制度设计步伐，在区主要领导和上级主管部门大力支持下，从 2016 年起讨论制定相关实施方案。宝安区图书馆负责起草，与区财政、编办、人事、各街道办等职能部门的多轮沟通协商，《宝安区公共图书馆总分馆制建设实施方案》（以下简称《实施方案》）于 2017 年 9 月由区文体旅游局和区财政局联合印发。这也意味着三级垂直管理总分馆制"宝安模式"正式落地，在全国公共图书馆界率先实现了制度性突破。《实施方案》的出台，从根本上解决了长期阻碍体系可持续发展的各种深层次问题，按照"建设主体上移、服务重心下沉"的工作思路，通过定模式、定标准、定经费、定职能等一系列强有力手段，为垂直总分馆制的落实保驾护航。乘着这股东风，全区总分馆体系建设在"十三五"期间实现了跨越式发展，正式进入"宝安模式"垂直总分馆时代。

2022 年，推进《实施方案》进入第五个年头，在圆满完成了上一阶段体系建设任务，基层网点覆盖率不断提升，资金与资源保障到位，管理人员专业化程度不断提高的基础上，新时期如何继续高质量推动垂直总分馆体系发展，建设与宝安城市定位和发展相适应、相配套的体系化、专业化、智能化的公共图书馆总分馆体系，成为新目标和新任务。对 2017 年版《实施方案》进行升级正式提上了日程，经过反复调研、多方论证、多次征求意见和修订，2023 年 3 月，《宝安区公共图书馆总分馆制优化提升实施方案》（深宝文发〔2023〕4 号）由区文化广电旅游体育局和区财政局联合印发，成为"十四五"期间继续引领垂直总分馆制迈向高质量发展道路的纲领性文件。

3.《管理办法》优化管理与服务流程

《实施方案》为总分馆体系建设运营设计了完整的制度与体系架构。为了进一步完善体系服务规范，提高服务标准化水平，《深圳市宝安区公共图书馆管理办法》（以下简称《管理办法》）于 2018 年 5 月由区文体旅游局印发。这是在《实施方案》基础上制定的总分馆体系管理的规范性文件，是《实施方案》的细化与延伸。《管理办法》侧重于日常管理与服务指引，内容涵盖管理体系、规划建设、经费管理、人员安排、文献资源建设、读者服务等。

体系建设制度先行，随着一系列规划与制度相继出台，"宝安模式"总分馆体系顶层设计渐趋完善。《实施方案》系列是按照广东省文化厅及省财政厅等部门联合印发的《关于推进县级文化馆图书馆总分馆制建设的实施方案》（粤文公〔2017〕103号）中关于文化馆、图书馆实现总分馆体系建设"三个统筹""五个统一"基础上提出的更高要求，按照《实施方案》系列，各级基层馆建设标准清晰，运营管理模式合理，合作各方主体责任明确。《实施方案》使得各级政府部门、街道办提供人员、场地与资金等有政策可依，为"宝安模式"的可持续发展提供了根本保障。

二、体系架构：三级垂直紧密型

1. 体系规划

相较于国内其他垂直型总分馆模式的做法，"宝安模式"的特点在于政府主导和政策保障相结合，区、街道、社区三级图书馆联系紧密，定位与职能清晰，社会参与为辅，共享融合为创新突破点，体系架构完善合理。按照最新发布的《宝安区公共图书馆总分馆制优化提升实施方案》，通过垂直总分馆体系建设，全区形成以深圳市"图书馆之城"统一服务平台为依托，以区图书馆为总馆，街道图书馆为分馆，主题图书馆、社区阅读中心为基层点，智慧书房、服务点和集体借阅为补充的三级服务体系，详见图3-1，以此实现公共图书馆服务标准化、均等化、数字化、一体化和智慧化。

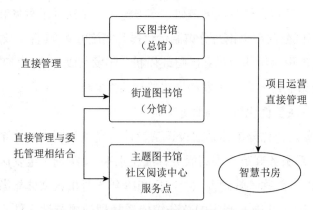

图3-1　宝安区总分馆制管理模式架构图

2. 成员馆的职能与定位

成员馆根据各自的建设规模、辐射区域和层级属性，在三级模式架构中确立清晰的资源保障和服务特色定位，实现差异化发展。

总馆是总分馆体系的运营管理中心、技术支持中心、专业培训中心、文献信息资源保障及配送中心。总馆统筹全区公共图书馆事业发展和规划，统筹总分馆文献资源采编和调配、阅读推广和宣传、联动管理等。总馆依照深圳"图书馆之城"统一服务标准，研究制定本区统一业务规范，并对全区公共图书馆建设与运营进行技术支持及业务监管。总馆直接管理街道分馆和主题分馆，根据现实情况，灵活选取直接管理、委托管理或项目管理的模式运营社区阅读中心、智慧书房和服务点等。

街道分馆是以街道为单位建设的区域性公共图书馆服务中心。在辖区内按照总馆制定的统一规范开展服务，组织读者活动，及时传递读者需要的信息和业务数据，配合总馆做好各项工作，统筹辖区内社区阅读中心和服务点建设，并通过业务指导、日常巡查等措施，监管辖区内社区阅读中心、服务点的开放，指导规范化服务。

社区图书馆包括主题分馆、社区阅读中心、智慧书房和服务点等，是图书馆服务在基层的延伸。主题分馆根据本馆特色和服务人群开展统一的标准化服务和特色服务。社区阅读中心依托社区党群服务中心建设，充分发挥社区阅读中心日常服务常态化、规范化的特点，整合周边区域公共文化资源，把图书阅览服务与社区党群文化活动、法律和科技等知识普及讲座、四点半课堂等其他文化服务，以及社区综合文化服务中心建设进行有机结合。智慧书房采取项目运营模式，按照总馆制定的统一业务规范进行管理。服务点由总馆提供文献资源和业务系统保障，由共建方按照总馆制定的统一业务规范开展服务。

第三节　"宝安模式"的总分馆建设与运营

宝安是人口大区，截至2021年底，全区常住人口达到448.29万人[①]，居全市各区之首。快速增长的人口数量为基层馆的网点布局带来新的挑战。经过多

---

① 深圳市宝安区2021年国民经济和社会发展统计公报[EB/OL].（2021-05-12）[2023-03-28].http://www.baoan.gov.cn/batjj/gkmlpt/content/9/9777/post_9777267.html#24032.

年建设，2022 年底全区总分馆体系成员馆已达到 119 家，加上辖区内还有城市街区自助图书馆 30 个、集体借阅点 64 个，全区约每 2.1 万人口才能拥有一个基层图书馆或基层阅读空间。下一步，继续完善基层图书馆网络覆盖面，优化布点格局，提升读者基层馆的阅读体验成为新时期体系发展的重要任务。根据《实施方案》系列，总分馆体系的建设与运营按以下标准执行。

一、建设标准

1. 建设模式

体系成员馆建设采用文化部门自主建馆和文化部门与其他机构合作共建两种方式。具有文化用途规划的政府公配物业，由区文化行政主管部门主导建设，负责场地的申请、装修、家具及设备采购等。支持和引导社会力量参与建馆，鼓励街道、社区图书馆采取文化部门与党政部门、企事业单位、社会组织等合作共建的模式。共建方免费提供馆舍场地并进行简单硬装，提供场地水电、空调、消防等基本设施和其他固定设施设备。总馆从专业角度对场馆功能分区、空间布置和硬装设计提出建议，并提供书刊、可移动家具和设备、网络、对外服务电话等。

2. 场地规模

按照《公共图书馆建设标准》（建标 108—2008），并根据各街道服务人口和深圳"图书馆之城"主要分馆建设标准要求，每个街道至少安排 3000 平方米的场地建设街道分馆。根据服务人口和服务半径，在人口密集且处在总馆及街道分馆有效服务半径以外的社区、工业园区、公园、商业综合体等区域，建设场地面积 1000 平方米以上的主题分馆、场地面积 150—1000 平方米的社区阅读中心，以及面积在 100 平方米以上的智慧书房、服务点，详见表 3-1。

表 3-1　成员馆建设标准

馆类型	场地面积 / 平方米	选址要求	场地装修、家具和设备配置标准
街道分馆	≥ 3000	1. 独立楼宇，或图书馆首层为楼宇一层，或图书馆首层为楼宇二层且一层有独立出入口和门头，建筑符合图书馆建筑设计规范和消防安全技术标准； 2. 地处文化中心区、交通便利，环境相对安静、市政配套设施良好，有配套的安全管理保障	1. 馆舍硬装部分包括强弱电、空调、天花、地面、灯光、固定书架及阅览台凳等简装配套。应符合政府公共文化设施装修相关要求，标准不低于 3500 元 / 平方米； 2. 场馆内软装部分包括标识标牌、可移动书架及阅览台凳、图书设备等开办配置（含设计）。活动家具配置标准不低于 500 元 / 平方米。图书馆设备配置标准不低于 140 万元 / 馆，在 3000 平方米基础上每增加 50 平方米，增加 2 万元
主题分馆	1000—3000	1. 有独立出入口和门头，宜位于临街楼宇的首层，建筑符合图书馆建筑设计规范和消防安全技术标准； 2. 地处人口聚集、交通便利、环境相对安静、市政配套设施良好、符合安全、卫生、环保标准的区域；大型社区、商业综合体、旅游区等人群密集区域作为首选地址	1. 馆舍硬装部分包括强弱电、空调、天花、地面、灯光、固定书架及阅览台凳等简装配套。应符合政府公共文化设施装修相关要求，标准不低于 3500 元 / 平方米； 2. 场馆内软装部分包括标识标牌、可移动书架及阅览台凳、图书设备等开办配置（含设计）。活动家具配置标准不低于 500 元 / 平方米。图书馆设备配置标准不低于 60 万元 / 馆，在 1000 平方米基础上每增加 50 平方米，增加 2 万元
社区阅读中心	150—1000	1. 有独立出入口和门头，宜位于临街楼宇的首层，建筑符合图书馆建筑设计规范和消防安全技术标准； 2. 地处人口聚集、交通便利、环境相对安静、市政配套设施良好、符合安全、卫生、环保标准的区域；社区、商业综合体、旅游区等人群密集区域作为首选地址	1. 馆舍硬装部分包括强弱电、空调、天花、地面、灯光、固定书架及阅览台凳等简装配套。应符合政府公共文化设施装修相关要求，标准不低于 3000 元 / 平方米； 2. 场馆内软装部分包括标识标牌、可移动书架及阅览台凳、图书设备等开办配置（含设计）。活动家具配置标准不低于 500 元 / 平方米。图书馆设备配置标准不低于 26 万元 / 馆，在 150 平方米基础上每增加 50 平方米，增加 2 万元

续表

馆类型	场地面积/平方米	选址要求	场地装修、家具和设备配置标准
智慧书房	≥ 100	1. 位于临街楼宇的首层，建筑符合图书馆建筑设计规范和消防安全技术标准； 2. 地处人口集中、交通便利、环境相对安静、市政配套设施良好、符合安全、卫生、环保标准的区域；社区、商业综合体、旅游区等人群密集区域作为首选地址	1. 馆舍硬装部分包括强弱电、空调、天花、地面、灯光等简装配套。应符合政府公共文化设施装修相关要求； 2. 场馆内软装部分包括标识标牌、可移动书架及阅览台凳、图书设备、门禁系统、监控系统等开办配置（含设计）。面积100平方米，标准不低于80万元/馆。面积每增加50平方米，增加10万元
服务点	≥ 100	1. 有独立出入口和门头，场地相对独立，宜位于二层及以下，建筑符合图书馆建筑设计规范和消防安全技术标准； 2. 地处人口聚集、交通便利、环境相对安静、市政配套设施良好、符合安全、卫生、环保标准的区域，要求对社会开放	由共建方参照社区阅读中心场地装修标准执行

3. 功能配置

以满足读者需求、功能齐全、多样合理为原则，总馆及街道分馆主要包括图书阅览区、少年儿童阅览区、电子及有声读物阅览区、专题文献阅览区、读者活动与辅助区、业务区、行政办公区和后勤保障区等。主题分馆、社区阅读中心、智慧书房、服务点等基层馆主要包括图书阅览区、未成年人阅览区、电子阅览区等。其中，对外服务面积不少于馆舍实用总面积的80%。

图书馆应合理设置功能分区、设计藏书总量、阅览座席、照明及强弱电、空调等。少年儿童阅览区及配套的母婴室应符合儿童友好型图书馆、母婴室建设有关要求，同时关注避免各功能区之间的噪声干扰。科学设置第三卫生间、长者阅览专座、障碍人士阅览区等特殊人群服务空间，充分体现城市公共服务的人性化。未成年人服务区域面积不得低于全馆服务区域总面积的20%。

二、运营方式

1. 经费保障

建设经费根据承担的建设事项内容,由区文化行政主管部门或各街道向区发改局或财政部门申请,或由共建方承担。运营经费含人员经费和日常运营工作经费,由区财政按相应标准落实。经费来源和发放标准的明晰,为体系可持续发展提供了坚实保障基础。各馆经费保障情况分述如下:

总馆:体系运营经费每年按照总馆、分馆和社区阅读中心三部分分项制定年度预算计划,由总馆统一提交给上级主管单位,待财政下达指标后统筹分配使用,并根据预算执行情况和体系成员馆服务状况每年分别向区财政提交绩效自评报告。其中图书采购与加工经费列入总馆预算,由总馆统筹规划、集中使用。

街道分馆:建设经费根据共建模式下各自承担的建设事项,由区文化行政主管部门、各街道向区发改局或财政部门申请。运营经费由区财政按相应标准落实,由总馆根据各街道分馆的场地规模、功能设置、人员配置和服务量等,统一管理、集中调配、合理使用。各街道分馆的物业管理费、场馆主体维护维修费、水电费由街道承担。

主题分馆:建设经费根据不同建设模式下各方承担的建设事项,由区文化行政主管部门、各街道向区发改局或财政部门申请,或由共建方承担。运营经费来源参照街道分馆。物业管理费、场馆主体维护维修费、水电费根据建设模式,由共建方或自建方承担。

社区阅读中心:建设经费来源参照主题分馆。运营经费由区财政按相应标准落实,其中日常运营工作经费由总馆根据业务开展需要统一使用;人员经费由总馆根据运营模式,专款专用。物业管理费、场馆主体维护维修费、水电费根据建设模式,由共建方或自建方承担。

智慧书房:采取项目管理模式,由总馆向区发改局或财政部门,申请建设和运营专项经费。鼓励采取共建模式建设智慧书房,共建方按相关建设标准建设。物业管理、水电费和场馆主体维护维修费根据建设模式,由共建方或自建方承担。

服务点：建设经费及除书刊配置外的运营经费由共建方承担。

2. 人员管理模式

"宝安模式"最大的亮点在于人员安排：首先，《实施方案》明确规定，从全区10个街道分别划出一个事业单位编制到区图书馆，由总馆公开招考与培训，这10人作为总馆派驻街道分馆的馆长，成为带领街道分馆发展的领头人。其次，根据各级成员馆的类型、功能定位和馆舍规模合理设置岗位和配备相应数量的工作人员。

在人员管理方面，街道分馆和主题分馆工作人员由总馆统一委托第三方招募派遣，工作人员接受总馆统一管理。社区阅读中心采取购买服务形式运营，统筹安排工作人员。智慧书房采取无人值守、读者自助服务模式，馆内不安排专职工作人员。服务点由共建方安排工作人员。总馆负责成员馆人员定期业务培训，街道分馆负责辖区范围内社区阅读中心及服务点人员的监管和业务考核，详见表3-2。

表 3-2 全区公共图书馆总分馆人员配置标准

馆类型	场地面积/平方米	人员数量/人	配置标准		
			岗位类型	人员结构	备注
区图书馆	48000	125	管理岗25人、服务岗100人	按照现行标准配置，初级及以上专业技术岗位人数占比70%以上	不包括职雇员
街道分馆	≥3000	26	管理岗4人、服务岗22人	采用购买图书馆专业服务方式运营，安排1名职员或雇员负责运营管理。初级及以上专业技术岗位人数占比50%以上	1. 未达到3000平方米的街道分馆，管理岗参照街道分馆标准配置，服务岗按面积对应参照主题分馆或社区阅读中心标准配置。
主题分馆	1000—3000	12	管理岗2人、服务岗10人		2. 大于或等于3000平方米的主题分馆，管理岗参照主题分馆标准配置，服务岗参照街道分馆标准配置

续表

馆类型	场地面积/平方米	人员数量/人	配置标准		
			岗位类型	人员结构	备注
社区阅读中心	150—1000	2—6	服务岗2—6人	采用购买图书馆专业服务方式运营，初级及以上专业技术岗位人数占比30%以上	3.服务岗为两班倒，1个岗位需配置2名工作人员

　＊测算标准根据《公共图书馆服务规范》（GB/T 28220—2011）、《全国县级以上公共图书馆评估定级标准》、《深圳市基层图书馆达标定级评估标准（修订版）》（深文体旅〔2015〕577号）、《深圳市"图书馆之城"建设规划（2021—2025）》等综合制定。

第四节 "宝安模式"的总分馆建设经验

　　以实践为基础，以制度为保障，以"图书馆＋"为创新突破口，"宝安模式"的总分馆体系建设经过多年发展逐步完善，主要具备了以下特点：

一、政府主导与政策保障为体系建设保驾护航

　　完善制度设计是确保体系健康持续发展的关键。"宝安模式"紧扣《中华人民共和国公共文化服务保障法》和《中华人民共和国公共图书馆法》，在国家、省、市深入推进现代公共文化服务体系建设的系列政策指引下，在区委、区政府的重视和主管部门大力支持下，以打通公共文化服务"最后一公里"为目的，发布《实施方案》系列文件，明确了垂直总分馆制的实施路径，充分体现了政府主导与政策保障的重要作用。按照建设主体上移、服务重心下沉的工作思路，对各级基层馆建设标准、人员配备、经费安排等都做了详细规定，以行政手段促使体系建设与发展有章可循。

二、建设与服务标准化使效能全面提升

　　在体系建设过程中，"宝安模式"逐渐形成了一套完善的标准和规范，如

《深圳市宝安区公共图书馆管理办法》《宝安区公共图书馆总分馆业务规范》《宝安区基层图书馆建设标准》等，通过全流程的标准化定制，使成员馆从选址建设起就有统一指引，减少了重复建设、布点不均等问题；各项经费和补贴的统筹规划和调配，充分调动了社会力量参与的积极性。在服务规范化方面，体系成员馆全部加入"图书馆之城"统一服务平台，执行统一服务标准，各级成员馆统一开放时间、统一服务项目、采用统一标识标牌，并加大资源与活动投放力度，加强区域内服务大数据分析，有针对性地统筹开展各类宣传与阅读推广活动，使体系成员馆整体服务水平不断提升。

2021年，宝安区公共图书馆总分馆体系多项服务数据均位居全市各区前列，详见表3-3。尽管受新冠疫情防控、临时闭馆、馆内限流等措施影响，全区总分馆体系成员馆接待读者数量仍突破600万人次，占全市年进馆人次的28.79%；新增注册读者12.9万人，占全市年新增注册读者的21.54%；外借文献371.4万册次，占全市年外借总量的23.11%；举办线上线下活动4614场，占全市年活动总场次的23.67%。

表3-3　2021年深圳市公共图书馆基本情况表

馆名	公共图书馆数量/家	加入统一服务馆占比/%	馆舍建筑面积/平方米	文献总藏量/万册（件）	外借文献/万册次	活动场次/场
深圳图书馆	8	87.5	54267	1195.16	379.63	2094
深圳大学城图书馆	5	100	40000	1503.51	14.85	218
深圳少年儿童图书馆	1	0	15600	315.42	49.07	1012
福田区图书馆	107	100	29018.3	414.02	121.26	2393
罗湖区图书馆	101	25.74	23732	336.20	46.34	1178
盐田区图书馆	46	69.57	28261	81.94	32.57	1516
南山区图书馆	109	45.87	38565	285.24	180.80	2305
宝安区图书馆	104	100	102151.2	482.14	371.40	4614
龙岗区图书馆	130	32.31	51788.82	476.78	279.10	1997

续表

馆名	公共图书馆数量/家	加入统一服务馆占比/%	馆舍建筑面积/平方米	文献总藏量/万册（件）	外借文献/万册次	活动场次/场
龙华区图书馆	40	70	25477	146.69	27.57	379
坪山区图书馆	16	100	19052	121.26	78.31	621
光明区图书馆	46	97.83	54017.8	297.37	71.36	1002
大鹏新区图书馆	24	12.5	4802	42.53	4.02	160
全市合计	737	63.09	486732.1	5698.26	1656.26	19489

数据来源：深圳图书情报学会，深圳图书馆.深圳"图书馆之城"2021年度事业发展报告［R］.深圳：深圳图书情报学会，2022：10.

三、直接与委托管理相结合提高馆员队伍专业化程度

通过分馆人员直接派驻体现体系管理的紧密性，街道分馆馆长由总馆具有馆员以上职称的职员担任，其余工作人员采用购买服务方式，接受总馆统一管理。社区阅读中心采用委托管理方式，由合作方聘请工作人员，总馆按照《实施方案》系列的相应标准保障人员和业务经费。这种直接管理与委托管理相结合的方式，既保证了三级架构的中间层——分馆人员队伍的专业化，又使底层的社区阅读中心和服务点合作模式更灵活，同时也减轻了总馆在人员管理方面的压力。总馆通过建立总分馆体系人力资源分类管理机制，加强了各类人员的统筹使用与合理调度。分馆队伍专业化效果明显，不但分馆迅速做大做强，还带动辖区内其他成员馆服务水平提升。2021年，16家分馆各项服务数据均在全区各项数据中占了较大比重：年进馆人次289.28万人，占全区进馆人次的48.2%；年新增注册读者8.47万人，占全区56.06%；读者活动3400场，占全区73.69%；外借文献11.08万册次，占全区54.7%。

四、图书馆"+"完善体系网络覆盖

垂直管理使文献、设备、活动、人员等各类资源在体系内得以高效整合、

优化配置、集约使用,也为不同行业主体的加入创造了更有利条件。近年来,完善的政策保障吸引越来越多的社会力量积极参与"图书馆＋"建馆与服务。宝安区图书馆通过灵活的合作办馆模式,把图书馆服务植入社区、企业、学校、商场、公园等不同主体,实现了合作共赢。体系成员馆中除了传统的社区馆和企业馆外,还建成了学校主题馆 11 家、商场主题馆 4 家和公园主题馆 6 家。其中,公园主题馆湖畔书院·立新湖自助分馆在第 19 届深圳读书月获评"2018 最受市民喜爱小图书馆"和"阅享空间奖";学校主题馆新湖书院·新中实验分馆在第 21 届深圳读书月获评"2020 最美校园图书馆"。

五、新技术应用助推体系高效运作

在"图书馆之城"统一技术平台的支持下,宝安区图书馆从 2014 年起逐步应用远程视频监控系统、客流系统和大数据平台,通过实时数据分析及时掌握成员馆的服务情况。2019 年,总馆在国内图书馆界率先启用"慧还书"智能分拣系统,采用机器人对总分馆归还图书进行初步分拣,大大提高了图书上架的效率。该项目被文化和旅游部评为"2019 年文化和旅游装备技术提升优秀案例"。从 2019 年起,总馆和各街道分馆入口处逐步安装了大数据显示屏,可以直观展示体系成员馆办证、借阅、活动和在馆人数等实时数据。以总分馆垂直管理的理念构建技术框架,利用局域网建立总分馆体系资源、服务与业务管理网络,实现"全区一张网",有效提高了总分馆体系服务效能,优化了读者的阅读体验。

六、实行统一监管和差异化考核相结合

落实各成员馆员工岗位责任制与业务考核激励机制,街道分馆实行绩效差异化考核,并与年终奖励挂钩,大大调动了馆员的积极性。制定统一的监督、考核与绩效评估标准,将总馆远程实时监控、分馆与社区阅读中心月度巡查和委托第三方考核评估相结合,形成了较为完善的监管与考核制度。考核不达标的成员馆将实行限期整改、降级或停止办馆等措施。通过上述手段,确保总分馆体系的活力。

七、体系成员馆实现错位发展

总分馆体系内不同层级的成员馆，在馆舍规模、馆藏资源、服务群体、区位特征等方面均存在较大差异，以多元化办馆模式为基础，以制度创新为突破，通过统筹规划可实现成员馆间的错位发展。成员馆在统一的服务标准下，结合自身特点找准定位，扬长避短，充分挖掘区域文化资源特色，重点服务区域内特定读者群体。

总馆作为深圳西部文献信息资源中心和总分馆体系的龙头，对标国内外发达地区的先进经验，积极构建服务高层次、活动精品化、技术领先化的大型综合性公共图书馆；街道分馆积极开展特色馆藏建设，打造特色品牌读者活动，逐步建设成为辖区内阅读推广与文化服务中心；主题分馆着力加强主题文献资源建设，打造主题特色阅读空间，开展主题品牌活动；智慧书房采用项目运营方式，积极探索新技术在图书馆领域的应用，通过科技赋能实现无人值守、读者自助服务的管理模式；社区阅读中心和服务点以服务社区、企业、园区居民为主要任务，把方便、快捷的图书馆服务送到市民身边。

第四章 "宝安模式"的读者服务

第一节 "图书馆之城"背景下的统一服务

一、统一服务概况

2009 年，深圳市启动了"图书馆之城"统一服务平台建设，统一全市公共图书馆的条形码、RFID 标签，建立统一的书目数据库和读者数据库，实现对馆藏数据、读者数据、流通数据的集中运作、管理和维护，通过"图书馆之城"门户网站统一导航、统一检索、统一使用，着力打造全城一个图书馆。2012 年 4 月 23 日，深圳市"图书馆之城"统一服务平台正式启动，成为深圳市"图书馆之城"建设又一个新的里程碑。

2006 年开始，宝安区财政局每年拨款 180 万元，由区图书馆统一采购全区公共图书馆新书，并负责编目加工。除区馆每年新上架的图书外，其他图书以流动、交换的形式，为无固定购书经费的街道、社区和企业图书馆补充馆藏。2010 年，为配合"图书馆之城"统一服务平台合库工作，宝安区图书馆着手进行系统数据对标整合，经过图书条码置换及增贴 RFID 标签、读者证换证升级、财经事务对接、书目与读者数据库信息导入统一平台、人员集中培训等系列前期准备，2012 年 4 月起与全市各区同步启用"图书馆之城"统一服务平台，正式进入全市统一服务时代[①]。自此，宝安辖区范围内每新建一家由政府投资建设的各级公共图书馆，都纳入"图书馆之城"实行统一管理，截至 2022 年底，全区总分馆体系成员馆达到 119 家。

---

① 李英.宝安区图书馆总分馆建设10年之路[J].图书与情报,2009(4):94-97.

二、统一服务标识

城市公共图书馆标识系统是读者在图书馆经常需要用到的，表明场馆区域、阅览室方位及图书存放位置的图形符号和所需信息的系统，能协助读者更好地使用图书馆。根据广大读者需求，宝安区公共图书馆总分馆体系在服务的过程中，对标识导视系统不断进行完善和优化，体现了良好的服务意识。

1. 场馆标识

2013 年宝安区图书馆新馆建成，由专业设计公司对总分馆 VI（识别标识系统）进行整体设计，总分馆采用统一的场馆标识。宝安区图书馆 LOGO 选取"宝安"拼音首字母"B"的造型，经过简化处理构建图形主题结构；标志图形采用两本书堆叠的侧视图，视觉语言简洁凝练，现代感强；图形巧妙融入数字"3"，展现了宝安区图书馆致力于打造市民的第三空间的服务定位；此外，图形采用"册"字结构横向布置，体现宝安区图书馆追随文化的足迹，寻找书的根源，在设计极具现代感的馆舍中实现了传统文化与先进技术和理念的碰撞。LOGO 中"宝安图书馆"字体为方正正中黑简体，场馆标识标准色分有四色、专色、多媒体、单色黑四个版本，根据不同亮度、背景灰度和颜色，严格标志对应的使用规则。此外，宝安区图书馆还制定了一套完整的标识导视系统，包括馆名牌、室内外导向牌、楼层指引牌、功能区域名牌及业务制度牌等，根据场馆布局及读者使用习惯设置点位，为到馆读者提供清晰的指引服务，详见图 4-1 和图 4-3。

各分馆门牌均为宝安区图书馆 LOGO+ 分馆名称，统一颜色，统一字体。随着总分馆事业的发展，许多细节也在不断优化，如服务宣传标识采用统一色系为底版，馆内统一印制带 LOGO 和统一底色的 A3 和 A4 铜版纸，便于临时张贴提醒和通告。每个阅览室标牌采用相同的中英文字体、尺寸规格和材质。在醒目的区域设置藏书分布标识，展示馆内各区域的馆藏及功能，方便读者快速获取所需资源，详见图 4-2 和图 4-3。

图 4-1 视觉识别系统基础应用：品牌标志标准、品牌标准色、品牌辅助色
（用于文具、日用品、广告等）

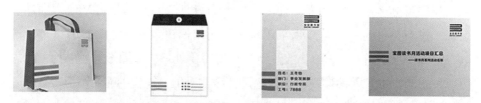

图 4-2 视觉识别系统设计应用：手提袋、资料袋、工牌、PPT 模板等

图 4-3 统一各街道分馆门牌标识

2. 文献标识

根据 2015 年深圳图书馆提出的《深圳市"图书馆之城"统一色标方案》，结合总分馆体系下宝安区文献流通现状，全区文献采用 14 位编码，前 6 位为馆代码，统一为 044007 开头，后 8 位为流水号。馆际色标与 LOGO 相结合，统一贴于图书封底的右上角。在书脊索书号上方可根据文献内容增加色标，如婴幼儿、低幼、少儿、青少、青少外文、自助、文学、社科、自科、工业技术、特藏、工具、地方文献、预借、集体外借等，区分馆藏地点的标识便于人工分拣及上架。在书架上也设置对应的层架标识，含每一列书架的索书号范围，每层书架的层架标识等。

三、统一服务标准

1. 服务公开透明

统一的服务标准是检验公共图书馆服务效能和管理的尺度。宝安区图书馆坚持平等、开放、共享的服务原则，秉承共享、融合、创新的办馆理念，免费向读者开放并提供多元化的读者服务。总分馆采用统一的进馆服务标语，在各馆入口处统一公示场馆开放时间及服务项目、借阅规则、服务大数据等。通过网站、微信、微博、意见箱、留言板、服务电话、读者座谈会等方式，总分馆体系建立了畅通的读者意见建议沟通渠道，鼓励读者为体系建设与服务建言献策。

2. 体现人文关怀

从管理和服务的细节体现宝安区图书馆的人文关怀，包括长者、孕妇、残障人士优先安排入馆；在炎热、寒冷、雷雨等恶劣天气提前开放大堂安排读者入馆排队；馆内中央空调出风口设有风力飘带，方便读者根据个人习惯选择座位；阅览桌上均贴有倡导文明阅览的标识指引，对占座行为进行约束及管理；每个楼层就近设置饮水装置，提供冷热水，方便读者饮用；阅览桌上还设置了电源及照明灯、服务台提供图书打包绳、便民小签条、铅笔、免洗消毒液等供读者使用。

3. 细分服务人群

根据读者年龄分层及阅读特点，总馆设有婴幼儿图书馆、少儿图书馆、青少年阅览室、成人阅览区（12岁以上读者进入）、长者服务区、专题阅览区等，避免不同年龄段读者之间的相互干扰，此外，馆内在各阅览区还设有特殊人群阅览座位，供特殊人群阅览使用。各阅览区根据该区读者特点推荐主题书目及开展活动。

4. 提供便捷服务

体系各成员馆均实现 Wi-Fi 全馆覆盖，读者凭证可免费使用网络。各馆设有电子阅览区，为读者免费提供上网冲浪、数字资源检索等服务。

总馆及各街道分馆还设有自助借还书机、自助图书消毒机、自助检索机、自助打印复印机、电子书报阅读机等，为读者提供极大的便利，读者使用自助设备可通过感应读者证、扫描二维码读者证、刷脸等多种方式完成。图书馆网站、微信公众号上提供图书检索、活动信息查询、图书续借、自助缴费等基础服务，以及海量数字资源的检索和使用，减少读者往返服务台排队处理事务的时间。

四、统一业务规范

2012 年，宝安区图书馆读者数据库与书目数据库正式并入深圳"图书馆之城"统一技术平台，全市的书目、馆藏、读者和文献流通等信息均实现了一站式整合与利用。依托"图书馆之城"建设，宝安区总分馆体系的业务规范也在不断完善，当某个成员馆在服务过程中发现问题并提出时，会由总馆或事业发展部统筹开展研讨并最终将解决方案形成制度，在体系内统一实施。

1. 日常管理

座位管理一直是困扰图书馆管理的主要问题之一，图书馆经常会收到读者关于占座的意见和投诉。为维护读者公平利用座位的权益，加强体系成员馆座位管理，提高座位使用效率，宝安区图书馆于 2020 年经过调研制定并发布了《座位管理规则》，重点提醒各成员馆座位的安全管理与责任，并对处理占座行为的流程进行了规定。此外，各成员馆均制定了馆内各区域相应的管理规则并将其张贴公示，包括各阅览区、报告厅、培训室、展厅、团体预约空间、视听室等。

2. 读者证事务管理

全市执行统一的办证、借阅、续借、违章处理等规则。因宝安区总分馆体系工作人员流动性较大，且阅读中心员工非本馆直接管理，为规范读者事务，尤其是涉及现金管理的办证业务，全区读者证事务严格遵守《总服务台及自助办证机证管理规则》，各馆总服务台工作人员对新证管理有严格的登记制度。对各自使用账号负安全责任，统一服务流通证事务按照一人一账户的方式分配权限。工作人员须使用各自账户登录后进行操作，离岗需立刻退出账号，调岗则收回相应账号权限，上岗前安排相关培训，根据操作指引，严格规范证事务的操作，如有特殊情况向相关负责人逐级报备。

3. 财经结算管理

宝安区图书馆先后制定了《宝安区图书馆财经结算规定》和《总服务台账

号及自助办证机财经结算规则》，其中专门设置了"新证及财经事务管理"条款，对服务台人工账号及自助办证机的财经结算做了详细规定，分别对结算中涉及的流通业务、技术支持、财经结算等工作作了明确分工，同时对总分馆的结算周期也作了统一规定，定期对有财经权限的账号进行核查。统一财经结算的规则和流程，确保总分馆财经业务有序运行。

4. 文献流通管理

"图书馆之城"统一技术平台对成员馆代码和全市馆藏入藏地点、服务点均进行了统一和规范，对资产所属馆、入藏地点、服务点之间的资产实行有序化管理[①]。宝安区图书馆文献流通类别与"图书馆之城"规则一致，主要有：中文图书外借、外文图书外借、中文刊外借、外文刊外借、音像资料外借、盲文资料外借、电子图书外借、参考阅览。总分馆除调剂书库外，文献均可开架、免费借阅。采用全市统一的流通规则为读者提供外借服务，统一可借文献类别、数量、借期、可续借次数，以及丢失、损坏、逾期滞还处罚规则等。此外，总分馆体系对文献流转和典藏处理均按照统一服务平台规则进行，还为读者提供电话、网站及微信等多种渠道的查询、续借、到期提醒服务。

第二节　特色读者服务

一、未成年人服务

1. 空间服务

总馆开展未成年人服务始于 2006 年，在宝图老馆创设少儿阅览室，2013 年搬迁至新馆，历经多次升级改造后，目前共有四个各具特色的专属馆舍空间。

（1）婴幼儿图书馆

婴幼儿图书馆面积 167 平方米，主要为 0—3 岁婴幼儿及其家长提供服务。

---

① 余胜英.深圳市"图书馆之城"统一服务平台构建与实施[J].图书馆学研究,2010(8):67-70.

婴幼儿馆前身是"玩具图书馆"（2016年开馆），为幼儿读者提供各种类型的玩具现场体验。随着社会各界越来越重视婴幼儿阅读意识的培养，总馆于2019年对原"玩具图书馆"进行空间改造。升级后的婴幼儿图书馆入口处设有服务台，除提供读者咨询及检索服务外，还设有玩具及立体书展示和收纳区。

读者活动区域由书架分隔成借阅区和亲子共读区，借阅区藏书兼顾成人与婴幼儿双方的诉求，亲子共读区围绕婴幼儿读者阅读需求与阅读行为进行规划布局，面积约30平方米，同时可容纳约20组家庭在内活动，该区域布置充分考虑婴幼儿处于爬行或学步期的特点，铺设了暖色系的环保地垫、墙垫。亲子共读区也是馆员进行婴幼儿故事会、游戏互动等的主要场所，根据婴幼儿注意力容易分散的特点，活动采用小场地、多场次的方式进行，一方面便于活动组织者控制现场，同时小空间有利于婴幼儿读者集中注意力，有效保障活动效果。

（2）少儿图书馆

少儿图书馆面积938平方米，主要面向3—9岁儿童及其家长开放。在空间布局上，大面积的落地玻璃为读者提供了明亮的自然光线，流线型的书架与宽敞的阅读空间相互融合。藏书区与阅览区以台阶做自然分隔。平时，利用台阶及周边区域，开展小型讲故事活动；周末与节假日读者高峰期，该区域自然转变成为亲子阅读区。

根据馆舍空间的特点，少儿馆一共配置了九种类型的主题书架，其中中高层书架按主题密集式排列，矮书架按陈列式宣传展示绘本图书，并且充分利用建筑墙体造型摆放图书，充分利用好馆舍空间。

（3）青少年阅览室

青少年阅览室面积968平方米，服务对象为6—18岁的中小学生，主要提供未成年人图书的借阅服务。

阅览室分为学习区、藏书区，在周末、寒暑假等人流高峰期，学习区只为青少年提供服务，较好地满足了学生安静自习的需求。藏书区的文献摆放分为新书区、推荐书目区、中文图书区、外文图书区、期刊区、连环画区共六个部分。

（4）交流与活动空间

总馆婴幼儿馆的亲子阅读活动和少儿馆每天下午开展的馆员讲故事活动在

所属阅览室内开展，其他活动大多在馆内负一楼的专属活动空间举办。如大小报告厅，适合开展各类讲座；培训课室适合小型交流活动；还有展览厅、多功能厅可举办画展类、表演类活动。此外，总馆三楼创客空间面向青少年开展编程、手工、实验等活动。活动空间与阅览空间分离使活动开展和图书阅览动静分离、互不干扰。

2. 文献服务

（1）未成年人借阅服务

宝安区图书馆总馆根据未成年人不同年龄的特点，在婴幼儿图书馆（0—3岁）、少儿图书馆（3—9岁）、青少年阅览室（6—18岁）三个区域配备适龄的图书资源和阅览席位。各成员馆向总馆看齐，根据场馆实际情况设立未成年人阅览区，提供免费借阅服务。截至2022年底，总馆共提供23万余册未成年人图书，其中婴幼儿、少儿及青少年图书分别占4.35%、56.52%、39.13%；全区成员馆共设置未成年人阅览座席3529个，约占全区阅览座席总量的30%。结合近年来未成年人图书借阅量迅速增长的趋势，全区总分馆体系纸质文献采购重点调整为未成年人文献，2022年总分馆体系未成年人纸质文献新增量约占总新增量的70%。

此外，"宝安模式"从馆舍设置和馆藏配备方面入手，打造了数家未成年人主题特色馆，优化未成年人借阅体验。例如，宝安区图书馆通过对宝图老馆升级改造，增设少儿分馆——1990分馆；通过"图书馆＋商业综合体"模式建成金沙童话绘本图书馆、御龙湾绘本图书馆，让市民读者在儿童主题商场也能借阅到相关图书；通过馆校合作，建设成新中实验分馆、深外宝安分馆、清平学校分馆等，就近为师生提供图书馆服务，并大力推广"鹏城励读证（学生卡）"，鼓励未成年人使用公共图书馆馆藏资源。

（2）书目推荐服务

绝大部分读者对童书不够熟悉，来馆借阅存在一定的盲目性，馆员的引导、推荐对读者的借阅行为有很大的影响。体系各成员馆均定期为读者提供未成年人书目推荐服务，以此引导读者阅读行为。

首先，以海报形式推荐主题书目。内容涵盖校园文化、社会生活实践、优秀国内原创文学、科幻题材、国际大奖获奖作品等。海报利用图画书中的配图与配色方案，经授权后排版使用，整体色彩明快，充满童趣，书目与图画相呼应，吸引了读者眼球。2022年一共展览推荐主题书目7期。

其次，设置图书推荐专架。专架图书依据主题海报与各类未成年活动选取，设置于阅览区入口，便于读者发现和取阅图书。2022年，专架已上架艺术类、人物传记、节日类、婴幼儿阅读推广、排行榜等各类主题书目近7000种。此外，馆员还把借阅率低的优质"冷门书"定期调整至较显眼的位置，提升此类图书的流通率。

3.阅读推广服务

"阅读家成长计划"（以下简称"阅读家"）是总馆精心打造的一项面向未成年人及家长的阅读推广与指导项目。"阅读家"理念是基于"作家"、"书法家"、"画家"等职业概念上提出的，意在对热爱阅读的小读者进行肯定，使他们对"阅读家"身份产生认同感与自豪感，强化阅读行为。

此系列活动根据不同年龄层读者的阅读特点，设置丰富的子项目，涵盖优秀童书推荐、青少年中英文读书会、图图姐姐讲故事、小图书馆员职业体验、优阅父母学院、征文等，活动具有如下特点：①活动周期长，配套性好。读者可以选择参与从出生至成年的一系列活动，与"阅读家"共同成长。②常规活动与预约活动相结合，可操作性强。以周、月、季度、年等时间段排布各类活动，如"图图姐姐讲故事"平日版，时间地点固定，重在营造阅读氛围；周末版名额有限，由阅读推广人带领读者进行深度阅读，体验更加深刻。③活动类别与开展形式多样，具体表现为传统活动与创新活动相结合，阅读类活动与图书馆素养类活动相结合。

2022年，总馆共举办各类未成年的人阅读推广活动128场次。其中婴幼儿馆活动2场次，少儿馆活动71场次，青少年活动55场次。

4.社会合作

（1）"馆校合作"——宝安区未成年人阅读推广联盟

2019年宝安区图书馆成立宝安区未成年人阅读推广联盟，招募对象包括团体机构、社区组织、小学、幼儿园、阅读机构、早教机构等。由馆员为阅读推广联盟成员提供专属的特色服务，体验内容包括：图图姐姐讲图书馆的故事、小图书馆员职业体验、参观城市规划展览馆等。截至2022年，宝安区图书馆已举办6届未成年人阅读推广联盟活动，累计已有40家联盟机构参与体验，共开展129场，参与人数5623人次。

（2）社会组织合作

近年来，宝安区图书馆先后与"蒲蒲兰绘本馆""ME 学院""深圳市信息无障碍研究会""深圳视障家委会"等社会机构开展合作，为未成年读者提供阅读推广服务。在部分阅读推广活动中，发挥馆员智慧，借助社会力量，形成了以图书馆为主导、社会组织协办的合作模式。

"优阅父母学院"活动与"ME"学院机构合作，从亲子共同学习成长的角度，协助家长发掘孩子对不同领域的兴趣，着力培养其终身发展、适应未来的能力。

"亲子 Fun 读英文"与深圳英辅教育（英孚）开展合作，馆员主导英文绘本故事讲解，加强语言培训，分享各类英语学习资源，为小读者提供丰富的阅读及学习体验。"Fun 读英文"主要针对青少年读者开展，是与深圳外国语学校"Evereads"导读社团合作的青少年英语读书会活动。

二、特殊群体服务

1. 长者服务

在服务空间和项目上，总分馆均在馆内各阅览区设置爱心专座、长者优先专座。馆藏资源上，提供适合长者的多样化阅读资源。人性化服务方面，为长者提供优先入馆服务，配置通用放大镜、老花镜等阅读辅助设备，由专业馆员为其提供存档报刊查阅、上机操作指导、代查代检及图书预借服务。在活动方面，开展书法教习课、国画教习课、长者智能手机使用培训等等。

2. 残障人士服务

视障人士阅览区位于总馆一楼，阅览区面积 113 平方米，为视障读者提供盲文书刊、有声读物及电子读物阅览服务。现有阅览座席 12 个，配备安装有读屏软件的专用电脑 12 台，并配置点显器、助视器、读书机、盲人写字板等专用设备。截至 2022 年底，全馆共有盲文图书 1121 册，涵盖哲学类、经济类、心理类、健康类、技能类、文学类等。

宝安区图书馆一直坚持为残障人群开展阅读推广活动，与深圳市信息无障碍研究会合作开展"无障碍同行"阅读体验，通过图书馆搭建一座普通读者与残障读者平等交流的平台，让残障人士转变身份，从被服务者到服务者、从聆听者到分享者、从学习者到传授者，让更多的残障人士向广大读者展示个人技能；邀请视障人士担任"黑白阻隔不了香气四溢""透过黑暗，聆听纯粹声音"等主题活动的分享嘉宾；开展"无障碍同行——称谓手指语"等活动，让更多读者了解、读懂残障人士的心声，共同分享阅读的喜悦；举办盲文手语培训、口述电影活动、"诵读民间故事，阅读温暖人生"视障朗诵主题活动、"共享书香，推进盲文阅读"大赛、"一样的享受阅读，不一样的阅读方式——盲文新书推荐及电子设备体验活动"等，通过不同类型的活动为残障群体提供特别的阅读体验，同时也让更多市民关注特殊群体的生活状态。此外，通过宝安区图书馆提供的分享交流平台，增加残障人士在社会交往、个人技能和才艺展示方面的机会，帮助他们融入社会。

三、励读计划

1. "励读计划"推进历程

实施"励读计划"的初衷是方便广大外来务工群体免费利用图书馆资源，实现"无门槛服务"。2013 年 4 月，宝安区图书馆在全市率先推出《宝安区公共图书馆"励读计划"2013 年实施方案》。5 月，宝安、龙岗两区公共图书馆联合推出"励读计划"，读者凭身份证注册的免押金励读证，可在宝安和龙岗辖区已经加入"图书馆之城"统一服务平台的网点免押金借阅图书，福田区和光明新区两区随后加入该计划。

2017 年 11 月，深圳推出全市通用的"学生励读证"，面向 18 岁以下在校中小学生，提供免押金借阅服务。2019 年 8 月，深圳市文化广电旅游局印发《关于推行"鹏城励读证"的工作方案》，依托"图书馆之城"统一服务平台，11 月正式推出全市通用的"鹏城励读证"。"图书馆之城"成员馆按计划更新办证设备及移动端口，通过增加网上认证身份证的技术，实现移动平台办理"免证免押金"的"鹏城励读证"，通过获取虚拟读者证，可在网站、自助设备、移动平台等渠道无障碍使用图书馆服务。2021 年 5 月，"励读计划"内容进一步拓展，宝安区图书馆推出了"千家书房，万卷阅读"的家庭励读证，详见图 4-4。

历经多年发展，"励读计划"扩大了公共图书馆服务的宣传与推广，鼓励各类型读者学会利用图书馆资源。

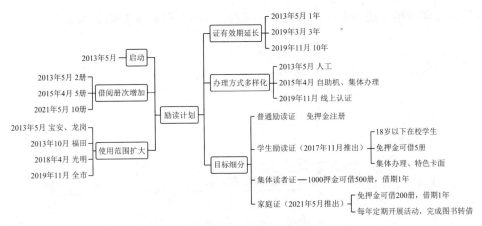

图4-4　"励读计划"读者证事务发展历程

2."励读计划"对象多元化

务工群体：早期"励读计划"主要针对为外来务工人员及其子女，读者持二代身份证即可免费办理励读证，享受图书借阅及其他资源服务。随着图书馆事业的发展，"励读计划"服务群体、形式和内容不断扩大。

学生群体：2017年，宝安区图书馆提出了增设学生励读证的想法，随后深圳公共图书馆馆长联席会议审议了《"图书馆之城"持证率提升计划项目——（中小学）学生读者证实施方案》，随后全市推出学生励读证，深化"图书馆＋学校"合作模式。宝安区图书馆推出配套系列活动，包括"阅读推广进校园"项目、图书馆服务普及宣讲、励读证办证推广、"小图书馆员职业体验"，面向0—3岁家庭的"阅点点"婴幼儿阅读指导计划等。

四、集体借阅

单位、团体：在基层馆建设过程中，为协助一些条件达不到建设"服务点"标准的企业布置阅读空间，从2004年起，宝安区图书馆推出集体借阅服务，与辖区内机关企事业单位和人民团体合作，为其提供集体外借服务及图书管理的专业指导，建立各具特色的集体借阅服务点，详见图4-5。2013年起，在总分馆体系下，集体借阅服务实现网络化、规范化管理。一方面，总馆与各街道分馆搭建集体借阅服务网络，需求单位可到就近任一集体借阅服务网点申办集体证，获批后即可进行图书借阅及更新。另一方面，由总馆统筹规划，统一规范集体借阅服务办证、审批业务流程，制定建设标准和服务约束机制。

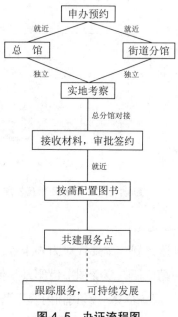

图 4-5　办证流程图

家庭：伴随越来越多家庭对阅读的重视，打造家庭阅读空间也成为许多家庭的需求。秉承宝安区图书馆"共享·融合·创新"的办馆理念，为提高馆藏利用率，2021 年，宝安区图书馆启动"励读计划"之"千家书房，万卷阅读"家庭证项目，搭建邻里、社区共享的"千家书房"，鼓励在宝安生活或工作且有固定居住场所的个人或家庭，一次性向宝安区图书馆借阅 200 册以内的图书，为邻里和亲朋好友提供借阅、阅览、文化沙龙等公益服务，通过"图书馆＋家庭"的模式，营造书香氛围，推动全民阅读。从 2023 年起，各街道分馆也推出了家庭证项目，服务周边喜爱阅读的家庭。

五、便捷式借阅及捐赠服务

1. 预借服务

为充分利用馆藏资源，宝安区图书馆于 2016 年 4 月开通了图书预借服务。读者可通过线上自助登记或线下人工登记的方式提交借阅需求，由馆员查到后通知其在约定的时间取书及办理借阅手续。宝安区图书馆提供预借服务的是总馆集体预借库和保障预借库。读者可通过宝安区图书馆网站、微信扫码等方式办理图书预借。从 2023 年 1 月起，1990 分馆开始试点图书预借服务。预借服务充分调动了总馆密集书库资源，让读者更便捷地找到需要的图书。

2. "书视借"服务

为满足读者希望借阅最新出版图书的需求，实现"宝安模式"的"你借书，我买单"，从 2019 年起，宝安区图书馆开通了"书视借"服务，读者凭读者证，可在深圳出版发行集团旗下各书城、简阅书吧免费借阅新书，也可通过网站访问书视借页面免费借书，线上选借的图书满足 3 册或总金额 99 元及以上者还可享受免费快递服务（快递范围仅限深圳市）。通过"书视借"系统外借的新书，可归还到总馆及各街道分馆。

3. 捐赠换书服务

宝安区图书馆于 2014 年 5 月启动捐赠换书服务，向读者免费提供图书交换平台，并接受图书捐赠。读者捐赠的图书每年定期向贫困地区开展公益捐赠活动。2019 年 5 月 26 日，宝安区图书馆捐赠换书中心正式与"深圳捐赠换书中心"联网运行，以宝安区图书馆总馆为分中心，下设服务站，全市联网点换书积分通用，截至 2022 年 12 月 31 日，全区共设立 10 个捐赠服务网点，分别是宝安区图书馆总馆、松岗街道分馆、石岩街道分馆、福永街道分馆、航城街道分馆、新桥街道分馆、湖畔书院·立新湖自助分馆、福海街道分馆、燕罗街道分馆、沙井街道分馆。与此同时，读者捐赠图书具有收藏价值的，将入藏至本馆馆藏。

4. 转借服务

2017 年 5 月起，深圳"图书馆之城"推出了文献转借服务，方便需要还书的读者和需要借书的读者利用双方智能手机中图书馆提供的服务功能，通过当面扫码方式办理图书转借手续。转借服务既缩短了图书的流通周期，又减少了读者因超出还书期限产生滞纳金的可能。

五、读者教育和互动

1. 导览导读

（1）"宝图导览"活动

2017 年开始，以提高读者信息素养为目，总分馆定期为读者开展"宝图导览"活动，通过 PPT 演示和现场参观讲解等方式，为市民介绍馆藏功能布局、读者证办理以及图书借还、数字资源利用等基础服务内容，帮助读者了解图书馆，更好地利用图书馆，获取文献与信息资源。导览活动根据读者年龄进行划分，5—12岁的读者可以参与小馆员职业体验，成年读者可根据需求报名参与周二至周五的"宝图导览"活动。

（2）特色馆藏导读

各成员馆均提供馆藏导读服务，鼓励阅读经典。结合馆藏推荐、领读等方式，对特藏经典文献进行梳理，定期设定阅读主题，开展推荐、共读、打卡、分享等活动。总馆四楼参考与专题服务区为读者设立"书香雅韵·导览导读"特藏推荐空间，定期为读者展示工具与特藏、设计与艺术、摄影与图册、境外图书等各类特藏文献。各街道分馆根据"一街道一特色"的文献资源建设原则，结合中国传统节日、非遗文化、岭南文化、红色文化等，在各馆开展相关的馆藏推荐及导读活动。

2.科普教育

总馆及各街道分馆均设有科普视听区以及科普图书专架。总馆内共有科普专题类文献3万余册。"创客E家"提供VR、激光切割、3D打印等科普设备，为读者提供科普体验的平台。各分馆也根据各自特色开展相关科普教育，如福永街道分馆的航天航空主题阅览区、新桥街道分馆的科普馆、簕杜鹃阅读中心的植物科普主题馆、1990分馆的5G体验空间等，充分利用总分馆体系资源，开展科普主题阅读推广活动，引导读者阅读科普书籍，增强未成年人对科学技术的兴趣和爱好，培养未成年人的科学素养，面向成年人普及科学知识，打造科普知识的公共学习交流平台。

3.读者互动

（1）留言板

为促进读者与图书馆之间的交流互动，促使图书馆了解读者需求、提高服务质量，各成员馆均设立了读者留言板并制定相应管理办法。设立留言板并及时回复读者留言，能及时改进、提升服务水平；同时图书馆也可以通过留言板掌握本地居民生活言论的第一手资料，为研究特定时期公众关注热点、地方风俗风情以及民生百态，开展有针对性的专项服务提供了新的途径。

（2）拯救图书

在留言板互动中许多读者提到部分图书破损严重，呼吁各方要爱护图书，由此产生了"拯救图书"活动。具体做法是在总馆留言板旁边设置补书台，提供破损图书和修补工具，读者以自愿方式参与，通过身体力行修补图书，体验加工图书的不易，并带动身边读者加入，该项活动同时也成了读者日常学习阅读疲累之余的休息解压方式。

（3）线上线下读者座谈会

宝安区图书馆多年来一直坚持每年举办线下读者座谈会并表彰年度优秀读者，邀请不同类型读者对一年来总分馆体系各项服务提出意见和建议，并在现场展开讨论，解答读者疑问，提出改进措施等。从2018年起，宝安区图书馆在线下座谈会基础上推出了线上微信会场，通过"线上＋线下"的方式收集各方读者意见，旨在全方位地倾听读者"心声"，为读者提供更人性化、更有温度的服务，线上征集的形式得到了广大读者的踊跃参与。

第三节　信息开发和参考咨询

参考咨询是图书馆员对读者在利用文献和寻求知识、信息方面提供帮助的活动[1]。它以协助检索、解答咨询和专题文献报道等方式向读者提供事实、数据和文献线索。2015年中国国家文化部的标准——《图书馆参考咨询服务规范》[2]里面对参考咨询的解释为，参考咨询是针对用户需求，以各类型权威信息资源为依托，帮助和指导用户检索所需信息或提供相关数据、文献资料、文献线索、专题内容等多种形式的信息服务模式。

参考咨询服务体系是指若干有关事物相互联系、相互制约而构成的一个有特定功能的有机整体。构建参考咨询服务体系所涉及的要素包括：第一，咨询的主体，即参考咨询员。第二，服务对象。任何一种服务的对象可以是单个读者，也可以是团体的读者或者用户，或者某种社会需求。服务对象是促进参考咨询服务水平提升的原动力，是决定着咨询体系是否活跃的重要因素。第三，

---

① 中国大百科全书［DB/OL］（2022-01-20）［2023-04-21］.https://www.zgbk.com/ecph/words?SiteID=1&ID=81157&Type=bkzyb&SubID=47178

② 中华人民共和国文化部.图书馆参考咨询服务规范:WH/T 71—2015［S］.北京:国家图书馆出版社,2015:12.

咨询服务的内容。咨询服务内容包括馆舍、藏书布局、服务时间的导引，也包括文献信息检索、数据库查询、网络资源使用等，还有专题咨询、舆情分析测评、专题书目编制、各类研究报告等。咨询服务形式有现场口头咨询、电话咨询、网络咨询等。第四，信息源，即各类文献信息。信息源指构建参考咨询体系过程中必须配备工具书、数据库、网络资源等。第五，参考咨询服务平台。参考咨询服务所需的场所、环境、设施和其他技术手段的支持。第六，作业规范性。参考咨询服务要遵守《公共图书馆法》、《科学技术保密规定》、《科技查新规范》、《图书馆参考咨询服务规范》及 IFLA 数字参考咨询指南等。除此之外，还必须保护读者的隐私。第七，评估与反馈。建立评估制度，便于图书馆员不断提升参考服务能力，能够使服务质量在读者的建议中有所提高，同时可以不断完善参考咨询服务。

一、宝安区图书馆信息服务沿革与发展

依托丰富的馆藏资源及海量的网络信息资源，宝安区图书馆集参考咨询服务与信息开发服务于一体，从 1993 年开始为宝安区党政机关、企事业单位及广大读者提供信息服务，同时提供文献代查服务、专题检索服务及文献传递服务。在读者咨询服务方面，以在馆咨询、电话咨询、网上咨询等为形式，为读者提供一般性咨询服务。

2017 年，宝安区图书馆与广东省立中山图书馆签订文献传递服务合作协议，为充分实现文献资源的共享，提高图书馆文献服务能力，更好地服务读者，促进科技进步，提高经济和社会效益，借助计算机技术、网络技术等先进技术手段，通过全国图书馆参考咨询联盟平台，与参考咨询联盟各成员馆合作开展馆际互借与文献传递服务。

二、总分馆体系下的参考咨询服务规范

为进一步规范参考咨询服务工作，完善参考咨询服务体系，提升参考咨询服务质量，结合总分馆体系建设与服务实际，宝安区图书馆于 2019 年编制《宝安区图书馆参考咨询服务规范》（以下简称《规范》），并于 2020 年 6 月正式发布，在总分馆体系全面实施。

《规范》主要结合宝安区图书馆自身服务内容及读者对资源的使用情况，

将参考咨询归为指向性咨询（问询）、指导性咨询（基于文献的咨询）以及专题性咨询（提供解决方案的知识咨询）三类，详细界定每类咨询的范围以及回答咨询的流程和方法，详见图4-6。以上三类咨询中，由不同工作人员接待与登记。其中，指向性咨询由各馆服务台工作人员每日记录条数，每月将记录表发与本馆/部门参考咨询员汇总；指导性咨询和专题性咨询由参考咨询员处理完该条咨询并填写相对应的表格后，交总馆参考特藏部归档，每月对三类咨询数量进行统计并总结，不断提升参考咨询的服务质量。

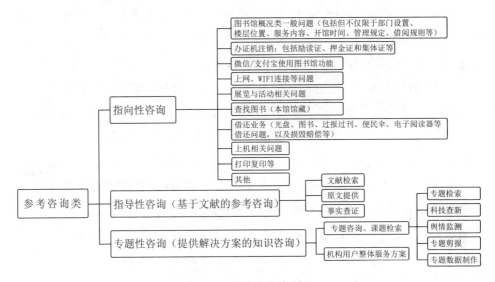

图4-6　参考咨询类型图

（1）指向性咨询：解答读者关于图书馆功能、服务及资源使用方法等一系列问询类的问题，包括图书馆概况及部门设置、服务内容、服务时间、读者借阅规定、办证方法、借还书操作、自助设备使用、馆藏查找等。此类咨询适用于宝安区图书馆总馆、各街道分馆服务台，其他基层馆可参照执行，要求所有服务台馆员需熟知图书馆概况，遵照规范执行，并做好咨询统计和月度数据汇总。

（2）指导性咨询：解答基于原文的检索类问题，提供对指定书目、论文、会议等的查找，此类咨询需要参考咨询员使用参考信息源，即开展参考咨询工作所必需配备的各种常用文献，包括各类检索工具书和电子资源，涉及的问题包括非本馆资源，未查询到本馆馆藏和通过一般方法较难查询到的资源，由参考咨询员负责完成解答，一般3—5个工作日内答复读者提问。

（3）专题性咨询：强调基于用户需求，主动并能动地服务客户的过程，咨询员必须借助工具书和数据库，必要时还需综合运用多种文献信息资源。该类咨询由读者提出需求，参考特藏部指定参考咨询员跟进，讨论确定检索途径和信息源，通过综合性检索最终提交解决方案。

三、信息开发服务

宝安区图书馆的信息开发工作，为领导决策提供信息产品，为党政机关用户提供定题、课题服务，主要信息开发刊物有《信息参考》、专题资料《书韵》及系列汇编资料等。

（1）《信息参考》：创刊于1995年6月，为半月刊，属于二次文献，以境外媒体为主要信息来源，立足宝安，为宝安的经济产业发展提供借鉴和参考。栏目包括综述、简讯和要文选登三大板块。其中，简讯分为9个部分，内容包括：①核心关注集中收录与宝安区重点项目相关的报道和评论，区主要领导讲话、年度政府工作报告及党代会报告重点工作；②对标国内城市涉及区重点工作领域的成功经验，涉及宝安的市内规划及政策，对标湾区分享国际三大著名湾区、国内三大经济带城市建设的成功经验及粤港澳大湾区"1+1+9"城市发展动态；③时政综合展示综合性、跨界类、时政类、改革新闻、党政要闻及评论；④经济资讯为农业、工业、服务业方面的新闻及评论；⑤文教科技为文教、科技、创新性新闻及评论；⑥环境资源为环境保护、灾害防治、国土与资源方面的新闻及评论；⑦城乡建设为城乡规划、扶助计划、新农村建设、城市化等方面的新闻及评论；⑧社情民生为民生、卫生相关的新闻及评论；⑨廉政法治主要是廉政、法律的制定、实施及评论。

根据《信息参考》为领导决策的创刊目的，其推广对象主要为宝安区行政事业单位；读者在馆内各服务台免费取阅。同时，向全国业界同行邮寄以达到交流学习的目的。每期电子目录由专人上传至宝安区图书馆地方文献数据库，可供读者免费阅览。

2020年在"宝安图书馆"微信公众号推出"微参考"专栏，2022"宝安文体通"微信公众号上线"微参考"专栏，每周发布最新参考资讯。2023年起停印纸质版《信息参考》，转为线上"微参考"发布。

（2）《书韵》：2009 年创刊，为年刊，2017 年获中国图书馆阅读推广类内刊内报提名奖。主要内容为年度阅读热点、阅读推广等相关报道，向读者推荐获奖图书及展示阅读排行榜的二次文献。其内容主要分为书人书事、阅读调查、好书推荐及排行榜四部分。书人书事介绍趣味性阅读事件；阅读调查每年针对不同题材选取国家及各机构所做的全国性或广东省地区性阅读调查报告；好书推荐按人文社科、历史传记、文学艺术、生活百科、科普常识、少儿教育等类别分类推荐图书；排行榜展示媒体、书展推荐好书、宝安区图书馆借阅排行榜。

（3）《信息参考》专题资料汇编：根据国家方针政策、深圳市及宝安区产业政策重点确定主题的二次文献，为宝安区委、区政府，企事业单位领导决策提供参考。立足宝安热点，以年为单位，每年出版 1—2 期，为宝安的经济产业发展提供借鉴。专题资料内容来源于境内外报刊、网站，推广途径与《信息参考》相同。

（4）《文旅放眼看》：电子刊物，每周一期，2022 年 6 月创刊。通过"宝安文体通"和"宝安图书馆"两个公众号同步对外推送。主要内容为国内文化、体育和旅游事业以及产业最新政策，前沿地区经验和新举措，文体旅企业发展新思路、新动态等资讯。

2022 年宝安区图书馆共编辑与发放《信息参考》23 期、《书韵 2022》1 期、《元宇宙：探索"美丽新世界"》专题资料 1 期；编辑并发布"文旅放眼看"32 期；完成参考咨询服务 11 项，其中专题服务 7 项，信息查证 2 项，提供文献 2 项，为宝安区单位及个人提供文献、图片、视频等共 101 份。

第四节　地方文献工作与专题服务

一、地方文献工作

"地方文献"指记述地方情况或具有地方特点的文献。包括方志、地方史料、地方人士著作与地方出版物①。地方文献是了解与研究地方状况及地方人

---

① 王绍平.图书情报词典[M].上海:汉语大词典出版社,1990:280.

物的重要资料，作为记载本地历史发展、经济建设与社会变迁的文献资料，能让外界更全面和深入了解这一地域。因此地方文献具有载体形式多样，文献内容丰富、出版方式复杂等特征。《中华人民共和国公共图书馆法》第二十四条规定：公共图书馆应当根据办馆宗旨和服务对象的需求，广泛收集文献信息；政府设立的公共图书馆还应当系统收集地方文献信息，保存和传承地方文化。地方文献工作是各级公共图书馆工作的重要组成部分，也是各馆馆藏特色之所在。每个图书馆收集、整理、典藏的地方文献，在不同的历史时期，都会为当地政治、经济、文化发展做出应有的贡献。

宝安区图书馆地处粤港澳大湾区的腹地，立足前海自贸区，作为深圳西部大型区域性公共图书馆，自 1983 年建馆以来，一直默默耕耘"地方文献"这块"宝地"。随着地方文献收藏的日渐丰富，宝安区图书馆于 2006 年上半年成立了特色文献部，负责收藏、展示和二次开发宝安区的地方文献资源。经过十几年的积累，已逐渐形成较为完善的地方文献馆藏体系，涵盖了地方志、家谱（族谱）、年鉴、名录、资料汇编等各种类型。

1. 征集与收藏

地方文献征集是图书馆保存与传承地方文化资源的一项重要工作，宝安区图书馆定期对本土出版物（含图书、报刊）、本土作家作品以及介绍本地情况的文献资料进行征集。征集形式包括书函、电话与口头等。书函征集是最常规的征集方式，每年由单位制作并公开发布征集邀请函，邮寄或派专人送交有关单位及作者个人。通过文献采购、媒体新闻等渠道获得的地方文献资料信息，则通过电话或直接联系作者的方式，征集所需文献。同时建立登记制度，对入藏地方文献进行专项登记与图书加工，向作者发放藏书证并定期进行电话回访，长期跟踪保持联络。

近年来，通过收集不同版本《新安县志》《宝安县志》《宝安区志》及各街道的街道（镇）志、社区（村）志，宝安区图书馆已形成较为完善的区域地方志体系，客观地反映了宝安不同历史时期各级部门的各项事业发展历程和变化，具有真实鲜明的时代特点和宝安特色，为追溯宝安的历史、传承宝安的文明提供了珍贵资料。

截至 2022 年 12 月，宝安区图书馆收藏可供阅览的地方文献图书有 6800 余种 8000 余册。此外，馆内装订收藏的期刊类地方文献共有 116 种 528 余册，包括《新安》《宝安发展研究》《文化宝安》《宝安史志》等全区机关企事业单位及下属街道编印的内刊资料。

2. 开发与服务

作为深港历史文化的根脉之地，宝安有着悠久的历史和绵延的文化。宝安区图书馆在加强地方文献的征集与收藏力度的同时，也注重对地方文献的整理与利用。

根据馆内的地方文献资源，宝安区图书馆编纂开发了"宝安文库"系列丛书。该系列是我馆致力打造的一个地方文献特色品牌。"宝安文库"第一辑《宝安文献志》（卷一）、（卷二）于2007年、2008年先后出版，内容包括宝安改革开放二十多年来出版的部分地方文献作品，共收录了96位地方文献作者的个人资料及其著作成果。

2010年编辑出版的"宝安文库"第二辑《宝安雕塑地理志》，以文字资料、图片与诗歌相结合的形式，记录了分布在全区各处的城市雕塑作品110座，全面展示了宝安区的城市风貌。

2015年编辑出版的"宝安文库"第三辑《宝安历史地理文献珍录——宝安图书馆馆藏精萃》，主要辑录宝安及各街道（镇）、社区（村）的史志文献，红色革命史迹，涉及宝安姓氏的家谱（族谱）、口述史等，涵盖宝安历史发展的重要节点，再现了宝安人披荆斩棘的创业诗篇和宝安历史风物。

2018年，宝安区图书馆作为主办单位开展"'文脉深圳 数典问祖'——中华古籍之美当代传承计划"系列活动。活动以纸质文献的保护为切入点，探寻"老深圳、大宝安"的文化基因，让读者通过展览能够近距离看到国家图书馆馆藏海内孤本1688年康熙版《新安县志》和广东省立中山图书馆馆藏1819年嘉庆版《新安县志》等珍贵文献。采用展览、讲座、沙龙及现场体验等多种方式相结合，让读者广泛参与到活动中。据统计，观展和各项活动参与读者人数达14万余人次，活动产生了良好的社会效应，该项目获评2018年度"深圳市文体旅游工作创新奖"、深圳市阅读联合会2018年度"全民阅读推广活动优秀项目奖"。2019年宝安区图书馆成功策划举办了"国庆记忆·深圳报道"报纸展，2020年开展"粤历史 阅开放"文献展暨宝安区图书馆地方文献征集活动。2021年起，借助总分馆体系的阵地优势，宝安区图书馆开展"寻根探'宝'·宝安姓氏家谱文献巡展""记'疫'2022——抗疫专题资料巡展""图说宝安——地图资料巡展""风雅宋——宋代生活美学巡展"等地方文献专题巡展，采用一套展览不同分馆巡回展示的方式，实现地方文献活动的统筹联动，让更多读者参与其中。

3. 数字化应用

随着现代信息技术的发展及其在图书馆的广泛使用，宝安区图书馆在加强地方文献纸本收集的同时，也在不断探索地方文献的数字服务。2015年在宝安区宣传文化体育发展专项资金资助下，宝安区图书馆地方文献专题网站开始运营，依托"地方文献全文数据库""宝安报道全文库""专题资料汇编""宝安文学"等自建数据库，将各类地方文献资源不断收集并进行系统整合。在此基础上，2022年启动了地方文献专题数字资源库的改版工作，升级更名为"'宝安记忆'地方文献资源库"。"宝安记忆"设置了"寻根探宝""宝读诗书""宝安文库""宝安方志""专题资料""书香地图"6个板块，包含了图文、音频、视频等地方文献信息，以及全文数字化的地方文献图书，还有线上书香地图、线上地方文献展览等丰富的资源。其中"书香地图"（又称"宝安区手绘文旅地图"）包含宝安区公共图书馆总分馆体系各成员馆、宝安区旅游名胜、风土人情等资料，通过手绘的方式展示了宝安地区的文旅特色。为顺应读者的阅读习惯改变，依托"宝安文体通""宝安图书馆"等微信公众号，"宝安记忆"已实现手机端阅读地方文献资源库的功能。

二、专题服务

1. 姓氏家谱文献收集与服务

家谱，又称族谱、家乘、祖谱、宗谱等，是中华民族的三大文献之一，是一种以表谱形式，记载一个以血缘关系为主体的家族世系繁衍和重要人物事迹的特殊图书体裁。参天之木，必有其根；怀山之水，必有其源。通过家谱，我们能够比较真实地了解家族谱系传承，社会人文变迁等[①]。

宝安历史悠久，自东晋咸和六年（公元331年）始设宝安县。改革开放以来，吸引了全国各地无数的建设者，五湖四海的客商纷至沓来，这是宝安一千多年以来六次大移民（汉、晋、唐、宋、清、新时期）的继承与弘扬。这种迁

---

① 王鹤鸣.中国家谱总目[M].上海:上海古籍出版社,2019:1.

徙的传统在姓氏发展史中得到充分体现。如曾姓自唐朝开始便从江西迁徙至沙井、新桥等地，陈姓始祖为避金人战乱向南迁移，最后来到沙井，而潘姓先祖自宋元时期迁至怀德开村立户。可以说，宝安姓氏族谱记载的历史就是宝安历史的一面镜子。据统计，1992 年宝安撤县建区前，全县 882 个自然村户籍人口中（不含光明华侨畜牧场、县域及各村镇居民）共计有 127 个姓氏[①]。

宝安区图书馆于 2020 年在总馆四楼设立姓氏家谱阅览室，用于保存和展示姓氏文化、百姓家谱、本土姓氏族谱等文献。阅览室内陈列的 118 个姓氏是从馆藏《宝安县志》《宝安历史人物》《中华姓氏源流图解》中"百家姓排名前 140 位"归纳所得，其中"陈""曾""江""蔡"等 28 个姓氏为宝安本土主要姓氏。阅览室现有馆藏 800 余册，已入藏宝安本地家谱约 40 余种。

2. 政府公开信息收集与服务

按照《中华人民共和国政府信息公开条例》第二十五条规定，各级人民政府应当在国家档案馆、公共图书馆、政务服务场所设置政府信息查阅场所，并配备相应的设施、设备，为公民、法人和其他组织获取政府信息提供便利。行政机关应当及时向图书馆提供主动公开的政府信息。

宝安区图书馆于 2015 年在宝安区委、区政府指导下筹备建成政府公开信息查阅室，查阅室收集了自 2012 年以来全区多家单位主动公开的文件、刊物、条例、便民资料等信息，并进行整理、装订及对外展示。截至 2022 年底，共装订全区各单位移交的主动公开件约 800 册。宝安区非常重视政府信息公开工作，由区府办政务公开科专门跟进，与区图书馆沟通协调后，每年专门发函落实各单位按季度向图书馆报送公开信息的制度，并将各单位公开信息报送情况纳入宝安区"政务公开"指标年终绩效考核评分项。保障了图书馆政府公开信息收集工作的制度化与规范化。

为满足不同用户需求，加强政府公开信息资源的共建共享，宝安区图书馆对已装订的政府公开信息资料均已进行编目处理。用户可通过"图书馆之城"检索平台对已编册、上架的政府公开信息进行检索。宝安区图书馆网站还开设了宝安区政府公开信息专栏，将各单位移送的信息目录上传，并链接各级政府

---

① 《深圳市宝安区志》编纂委员会.深圳市宝安区志1987—2003 年[M].北京:方志出版社，2011:137.

公开信息查询平台及政府公报，为有需要的用户提供一站式查询服务。

3. 设计与艺术类文献收集与服务

宝安区图书馆早在 1995 年就开始把设计与艺术类文献作为专题馆藏进行收集和整理。截至 2022 年底，总馆参考与专题服务区共收藏设计与艺术图书近 1.5 万种，约 1.6 万册。形成了以艺术、建筑设计为主的特色，包括艺术鉴赏、艺术学习、家庭装潢、办公设计等多方面内容的专题馆藏，对于普及设计知识、提高设计鉴赏水平等具有实用价值。

第五章 "宝安模式"的图书馆营销与阅读推广

第一节 新媒体宣传和文创产品推广

一、宣传工作模式、策略和成效

1. 宣传工作模式：项目工作制

（1）项目背景

宝安区图书馆新馆自 2013 年底建成并部分开放，至 2015 年实现全面开放，两年内新馆累计接待读者超过 200 万人次，举办各类型读者活动，包括专家讲座、电影展播、艺术展览及社区服务推广累计超过 700 场次，吸引 10 万人次参与其中。期间，宝安区图书馆通过媒体及业界各种渠道宣传报道 400 余篇，微信公众号用户数、官方"微博粉丝"数大幅增加，网站点击量超过 100 万次，有效扩大了新馆的社会知晓度和影响力，凝聚了一批忠实的读者群体。

2016 年是宝安区图书馆新馆各项业务和服务全面铺开之年，全馆各部门围绕"充分发挥场馆资源、人力资源、技术资源和社会资源的协同作用"的工作重心，努力推动服务创新，继续提升图书馆社会效益。

在做好业务和服务的同时，宝安区图书馆还大力开展宣传工作，扩大社会影响力：①在行政系统内，宝安区图书馆在贯彻落实党和政府关于公共文化服务工作精神上的新思路、具体做法以及实际成效，亟须宣传。②在社会层面，一方面宝安区图书馆倡导全民阅读、营造书香社会实施的各项举措，亟须通过大众媒体进行宣传推广；另一方面，新馆的文化新地标形象亟需强化。③在图书馆业界，通过学术机构和行业协会等组织，开展业务交流，分享工作经验，有利于提高宝安区图书馆在行业内的影响力。

因此，自 2016 年起，宝安区图书馆以宣传项目工作制的形式，由业务办公室统筹全馆各部门、各分馆，组建宣传工作小组，从系统内、社会面以及图书馆业界 3 个方面，综合开展宣传工作，详见表 5-1。

表 5-1 宣传项目工作概要

类型	内容	周期	工作方式
行政系统内宣传	紧扣党和国家大政方针，贯彻落实关于公共文化服务工作精神的具体做法、创新举措和具体成效	每月	1. 素材组成员做好部门工作动态更新（于网站馆务动态发布）； 2. 负责人收集全馆每月工作动态，编辑工作信息
社会层面宣传（传统媒体）	1. 书刊借阅服务、参考咨询信息服务、数字化阅读服务介绍、馆藏资源推荐，以及各类型读者活动的预告和报道； 2. "4·23 世界读书日""图书馆服务宣传周""深圳读书月"等重要时段等系列活动的预告和报道； 3. 读者文明用馆宣传教育	全年不定期	1. 全馆综合性工作及大型系列活动，由项目负责人统筹组织素材进行宣传； 2. 部门的具体业务和具体活动，各部门根据宣传需要，由素材组成员组织素材，报项目负责人进行宣传； 3. 与其他项目组重叠的宣传内容，按其他项目组主导，宣传项目组配合完成（如馆藏推荐、用馆宣传教育）
社会层面宣传（网站）	图书馆最新工作动态、活动回顾、活动预告、馆藏推荐等	全年不定期	素材组及时更新
社会层面宣传（微博）	1. 图书馆最新通知、工作动态、活动预告、新书推荐、美文欣赏； 2. 用户互动、大 V 号互动转发； 3. 微博号推广	每天	1. 项目组做好日常运营及推广； 2. 素材组按需随时报送素材
社会层面宣传（微信）	1. 推送活动预告、最新通知、用馆常识； 2. 微信号推广	每周	1. 项目组做好日常运营及推广； 2. 素材组按需随时报送素材

类型	内容	周期	工作方式
业界宣传	图书馆在开展业务和服务的经验、创新性的工作方式方法和其他理论研究	全年不定期	全体馆员参与。加入各类学会、协会组织，参加同行交流学习会议和相关活动。开展相关课题研究，并将成果投稿至学术期刊和行业杂志

（2）项目目标

①强化新馆文化新地标形象，继续扩大宝安区图书馆的社会知晓度；

②通过宣传图书馆服务，提高资源使用率，促进图书馆社会效益提升；

③扩大图书馆在互联网媒介（微信、微博、手机应用程序）中的影响力。

（3）项目实施措施

①行政系统内宣传措施

a.宣传内容：紧扣党和国家大政方针，宝安区图书馆贯彻落实公共文化服务工作精神的具体做法、创新举措和具体成效。

b.宣传媒介：通过区行政系统宣传平台进行宣传。

c.工作方式：项目负责人编辑整理馆务动态，以电子简报的形式向相关部门报送。

②社会面宣传措施

a.宣传内容：一是宝安区图书馆在倡导全民阅读、营造书香社会上实施的各项举措，包括开展书刊借阅服务、参考咨询信息服务、数字化阅读服务介绍、馆藏资源推荐，以及各类型读者活动的预告和报道。二是"4·23世界读书日""图书馆服务宣传周""深圳读书月"等重要时间节点系列活动的预告和报道。三是读者文明阅读宣传报道。四是图书馆服务在微信公众号、微博和手机应用程序的普及推广。

b.宣传媒介：采取传统媒体与互联网媒体相结合的方式开展。传统媒体包括报纸、电视、电台；互联网宣传平台包括微信公众号、微博及宝安区图书馆网站。

c.工作方式：全馆综合性工作由项目负责人统筹宣传，部门具体业务由部门根据需要宣传。

③图书馆业界宣传措施

a. 宣传内容：宝安区图书馆在开展业务和服务的经验、创新性的工作方式方法和学术理论研究成果。

b. 宣传媒介：学术组织和行业协会会议（中国图书馆学会、广东图书馆学会、深圳图书情报学会）、学术期刊。

c. 工作方式：全体馆员积极加入各类学会、协会组织，参加同行交流学习会议和相关活动，在做好业务和服务工作的同时，开展相关课题研究，并将学术成果投稿至专业期刊。

（4）项目成员及工作职责

①项目组。设在总馆业务办公室，设项目负责人1名，负责统筹整体工作。

②素材组。各街道分馆及总馆各部门指派1名员工加入素材组，负责提供各自业务、服务和活动开展情况等宣传素材。

③技术组。信息技术部安排1名员工负责互联网平台（微博、微信、网站）的技术维护。

（5）项目监督

①项目组以书面汇报形式，向馆领导报告每季度项目工作进展，根据馆领导反馈意见进行整改或改善。

②项目组年底汇报年度完成情况。

2. 新媒体宣传工作策略

根据微信服务号和订阅号的信息发布规则和传播特点不同，宝安区图书馆官方微信平台实行服务号与订阅号双号协同运作模式，并实施差异化运营。

（1）平台定位与内容选题方向

①服务号"宝安图书馆"，定位为图书馆微信服务平台，以实现"基础服务、在线完成"为目标，功能优先、资讯为辅。结合服务号每月最多可4次推送的规则，以每月4次的频率向用户推送告知类信息，包括全馆性公告、通知和其他重大信息、需重点宣传的重要活动信息，以及各部门每周末各项活动预告整合信息。

②订阅号"宝图在线"，定位为图书馆微信资讯平台，资讯优先、功能为辅，提供总分馆体系各项基础业务服务信息、宣传各项工作开展情况和展示工

作成果。结合订阅号每天可推送 1 次的发布规则，以每天 1 次的推送频率向用户推送信息。

③服务号和订阅号推送的内容，除全馆性重要信息、紧急信息或其他有必要双号同时发布的特别信息外，应遵循"互补、互动"的原则编辑。

（2）工作架构

总馆业务办公室牵头成立微信运营工作小组，负责运营服务号和订阅号。工作小组设置主编 1 名、办公室责任编辑 2 名，总馆各部门及街道分馆执行编辑若干，具体成员和分工见表 5-2：

表 5-2 微信运营工作小组工作职责

岗位	工作职责
主编（1 名）	微信平台运营的统筹；服务号和订阅号推送内容选题、创作构思与指导、编辑内容的终审
责任编辑 / 审核（2 名）	编辑 / 审核 1：编辑服务号内容，对订阅号内容进行二审
	编辑 / 审核 2：编辑订阅号内容，对服务号内容进行二审
执行编辑（若干）	各业务部门及分馆进行服务相关内容的收集、创作、编辑及初审

（3）内容发布机制

为保证微信推送内容的权威性和真实性，同时保障内容发布效率，服务号和订阅号内容的编辑、审核和发布采用分级实施机制，具体要求如下：

①内容审核原则为"谁创作、谁负责"，内容创作人为相应内容发布第一责任人，必须对拟发布内容的准确性、完整性、时效性、安全性以及措辞等进行审核校对。

②内容编辑、审核与发布由执行编辑和责任编辑共同负责。执行编辑负责与本部门 / 分馆业务和服务相关内容的编辑，经部门主任初审，报责任编辑二审。责任编辑负责涉及两个及以上部门的业务和服务整合信息、全馆性的通知、公告和其他重要内容的编辑，并实行交叉审核。即：服务号责任编辑，审核订阅号责任编辑编写的内容；订阅号责任编辑，审核服务号责任编辑编写的内容。内容交叉审核后，报主编终审后发布。

③后台消息管理。后台消息回复由智能回复覆盖，原则上不作人工回复。责任编辑要做好与各自业务相关的常见问题收集、回复编辑以及关键词提炼，报信息技术部录入智能回复数据库。

④图文留言管理。与各部门（分馆）直接相关的一般性业务或服务留言，回复内容由相应部门的执行编辑提供，移入/移出精选、回复留言等操作由责任编辑执行。与全馆性事项相关的或涉及敏感内容的留言，由责任编辑报主编联合处理。

（4）工作监督与评估

①主编负责监督服务号和订阅号的总体运作情况，定期向馆领导汇报工作简况，并根据馆领导意见改进工作。

②责任编辑分别负责监督服务号和订阅号的具体运作情况，包括内容质量、传播效果、用户变化等。

③运营小组定期召开讨论会，评估分析运营效果、讨论工作改进策略。

（5）具体案例

①文章标题:《还有12天，她就要说再见了》

发布时间：2017年12月19日

阅读量：2.5万

效果及影响：文章发布于宝图老馆即将关闭进入改造期时，有效传播宝安区图书馆作为深圳第一家区级图书馆，长年致力为读者服务、陪伴读者成长的核心信息。文章仅在宝安区图书馆服务号阅读量就超过2.5万，另外获宝安区官方服务号"滨海宝安"转载，并进一步在全网获二次转载。同时，文章吸引大量读者留言，分享25年来读者与宝安区图书馆的故事，文章传播力和感染力进一步提升。

图 5-1　《还有 12 天，她就要说再见了》

②文章标题：《这里可能是宝安最大的地下宝库，但 99% 的人都不知道》《这张读者证，可以借 500 本书，但你不一定能办……》

发布时间：2018 年 5 月 22 日和 6 月 19 日

阅读量：合计 2.3 万

效果及影响：通过发布系列文章，先后介绍宝安区图书馆密集书库和集体读者证业务，以线上流量带动线下服务量发展。系列文章推出后，总分馆体系集体读者证办证业务量明显增加，截至 2022 年底，累计办理集体读者证 140 张，集体外借图书 12.79 万册。

图 5-2　介绍图书馆密集书库和集体读者证业务

③文章标题:《如果图书馆开在我家楼下》

发表时间：2018 年 4 月 17 日

阅读量：9517

留言量：539 条

效果及影响：文章利用微信传播力量，面向宝安市民征集基层图书馆建设选址。通过大量读者留言分析，有效掌握有建设需求的居民区，为基层选址调研提供精准信息。相关做法获人民网、《深圳特区报》等重要媒体报道。

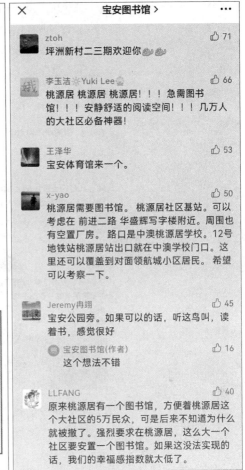

图 5-3 文章内容及留言

④文章标题:《今天,这个地方悄悄开放了》

发表时间:2017 年 10 月 10 日

阅读量:1.7 万

效果及影响:配合旅游图书馆创作的文章,图文并茂介绍了深圳首个旅游主题图书馆空间创设、资源和服务基本情况。相关信息获《深圳特区报》报道,并获国家、省、市文化和旅游主管部门转载。

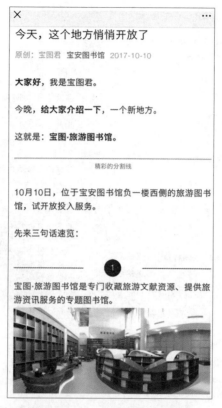

图 5-4 《今天，这个地方悄悄开放了》

3. 宣传工作成效

（1）传统媒体宣传成效

自 2016 年宣传项目工作制实施以来，截至 2022 年底，宝安区图书馆累计发布传统媒体宣传稿件 1086 篇，宣传平台包括《中国文化报》《南方日报》《南方都市报》《羊城晚报》等国家级、省级媒体，也包括《深圳特区报》《深圳商报》《深圳晚报》《晶报》《宝安日报》等本地媒体。

（2）新媒体平台宣传成效

宝安区图书馆新媒体阅读推广平台发展迅速，社会影响力不断加大。截至 2022 年底，微信平台用户 34 万，微博用户突破 1 万，影响力在全国县区级公共图书馆微信、微博中持续保持前列。

2022年12月
全国公共图书馆
微信微博 监测月报
WEIXINWEIBOJIANCEYUEBAO

县级馆分册 总第43期

2、全国县级公共图书馆微信服务号影响力前100名

序号	微信名	微信号	发布次数	文章数	阅读总数	在看总数	点赞总数	头条阅读总数	头条在看总数	头条点赞总数	图书馆微信影响力指数	清博微信影响力指数	所属省份
1	宝安图书馆	baoan-lib	4	32	48578	51	232	36776	32	183	635.05	602.90	广东省
2	云龙区图书馆	gh_8f618a4bb827	4	32	24480	500	672	12451	84	149	612.24	537.91	江苏省
3	昆山市图书馆	kunshanlibrary	4	25	27527	19	80	21135	15	60	543.45	508.12	江苏省
4	深圳市龙岗区图书馆	szlgtsg	4	19	23404	18	186	13105	6	78	537.18	495.56	广东省
5	南山图书馆	NanShan_Library	4	25	22673	19	94	13183	10	61	523.24	473.29	广东省
6	徐州经开区图书馆	gh_898112409173	4	32	15272	211	412	9561	23	121	538.60	462.11	江苏省
7	广州市白云区图书馆	bylibrary	4	15	14905	20	94	11097	14	71	487.76	442.81	广东省
8	武进图书馆	wujinlib	4	18	13516	12	89	11430	11	85	469.44	428.43	江苏省
9	市南区图书馆	shinantushuguan	4	23	14009	50	80	10617	12	24	488.40	425.53	山东省
10	丰南图书馆	fnlib8129315	4	32	9618	278	372	6456	39	70	494.51	418.34	河北省
11	鄞州区图书馆	yzqtsg	4	32	12389	80	99	9463	18	31	483.05	408.46	浙江省

图5-5　微信服务号位列全国县区级图书馆服务号第1名（2022年12月）

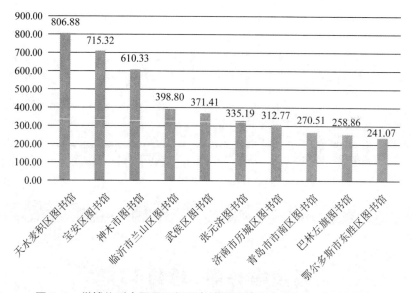

图 5-6 微博位列全国县区级图书馆微博第 2 名（2022 年 10 月）

二、文创产品开发与推广

1. 总体思路："文创 +"阅读推广模式

结合文旅融合发展思路，宝安区图书馆精心打造"宝图礼遇"文创品牌。2020 年 8 月至今，宝安区图书馆利用"宝安图书馆"微信服务号，结合不同读者群体特性、社会热点，推出 "@生活""学习 UP""创想 X""i 童趣"系列文创，助力图书馆服务和读者活动开展，以创新手段增加读者用户黏度，扩大图书馆影响力。

2. 主要措施："文创 +"融合图书馆服务

（1）文创 + 借阅 = 鼓励阅读

文创新品推出阶段：设置阅读相关话题，形成讨论互动热度，引流推动读者关注阅读。设定 "打卡图书馆"或"借阅图书"可获得文创新品的规则，吸引市民走进图书馆、借阅图书。

（2）文创 + 活动 = 助力宣传

"宝图礼遇"系列文创产品赋能总分馆线上线下活动，以量少频次高为原则，反复引起市民关注，提高活动宣传力度，吸引读者了解图书馆特色活动。

（3）文创＋服务＝创新延伸

推出可借用的便民伞和便民铅笔、可取用的便民口罩夹，为读者提供便民服务，优化读者体验感和提升图书馆形象。

3.图书馆文创的效能发挥

（1）文创＋读者＝提升用户黏度

抓住重要时间节点、开学季等关键时段，宝安区图书馆面向不同的目标群体，推出"＠生活""学习UP""创想X""i童趣"系列文创新品，让文创成为图书馆广告。在文创产品中植入"宝图礼遇印章""宝图LOGO"等独特标识，利用"视觉锤"，让文创产品拥有显著的品牌辨识度，增强图书馆宣传的有效性，让"宝图礼遇"系列产品"免费、稀缺、创新"的特性在不知不觉中吸引用户关注，甚至成为一种文化情怀。在这一过程中，一方面，鼓励办证，拉新用户，体现人文关怀；另一方面培养了读者对文创产品、图书馆品牌的忠诚、信任与良性体验，从而提升用户黏度。

案例1：书香拼图＋图书馆服务宣传周（2022年5月24日）

图5-7 书香拼图＋图书馆服务宣传周（1）

图 5-8　书香拼图 + 图书馆服务宣传周（2）

（2）文创 + 图书馆 = 扩大影响

"宝图礼遇"作为宝安区图书馆文创品牌，与图书馆、图书馆服务相融合，成为有效营销的手段。与之相关的 30 余篇推文在宝图微信服务号发布后，累计阅读量约 25 万人次，助力"宝图星期讲座""宝图展览""图图姐姐讲故事"等多个品牌活动开展，利用国庆节、春节、开学季、"4·23 世界读书日"等重要时间节点，吸引众多市民走进总分馆体系各成员馆，"宝图礼遇"系列受到媒体广泛关注，社会影响良好。

案例2："小书虎"自动雨伞+读者满意度调查（2022年8月16日）

图5-9 "小书虎"自动雨伞+读者满意度调查（1）

图5-10 "小书虎"自动雨伞+读者满意度调查（2）

案例3：宝图"虎"袋＋图书馆志愿者服务（2022年6月9日）

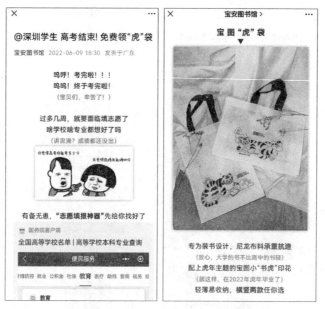

图5-11　宝图"虎"袋＋图书馆志愿者服务（1）

图5-12　宝图"虎"袋＋图书馆志愿者服务（2）

（3）文创＋读者＋图书馆＝良性闭环

依托图书馆新媒体平台，在运用"文创＋"模式的过程中，宝安区图书馆采用读者原创内容、创意，进行文创再创作，不同的用户群体在图书馆借阅、服务、活动等场景下，将文创新品的使用体验反馈至图书馆，线上线下流量相互转化、激活，形成良性闭环。

案例4：穿校服领作业本（第四季）＋书目推荐（2022年11月10日）

图 5-13 穿校服领作业本（第四季）＋书目推荐

图 5-14　穿校服领作业本活动现场照

第二节　阅读推广活动

阅读是市民获取知识的主要途径，每个人都拥有阅读的权利。随着时代的发展，读者阅读需求不断增加，公共图书馆阅读推广的形式需要更加多样化，需要从图书馆自身的使命、理念和资源等实际出发，设计和组织实施阅读推广活动。宝安区拥有设施设备先进、国内一流的区级图书馆新馆，有较为完善的区、街道和社区三级公共图书馆服务网络，方便读者就近、便捷地参与阅读推广活动。多年来，宝安区图书馆坚持培育专业的阅读推广团队、不断整合各类社会资源，积极开展讲座、展览、未成年人阅读活动，用活动激发读者的阅读兴趣，引导读者使用图书馆资源，营造全民阅读的良好氛围。

一、读者活动概述

1. 公益讲座类、展览类常规活动

宝安区图书馆从 2004 年开始成立专门的部门策划组织读者活动，同年创立"宝图星期讲座"和"宝图英语沙龙"两个活动品牌。活动定期开展，馆内馆外阵地相结合，不仅在馆内组织相关活动，还走进街道分馆、企业、社区、学校。每年的"4·23世界读书日"以及"深圳读书月"期间,都会邀请名家来馆开展讲座活动。

2013年12月30日,宝图新馆正式对读者开放,宽敞的馆舍,优美的环境,先进的设施设备,为阅读推广的开展提供了良好的基础。宝图新馆应读者需求,活动数量井喷式增长,活动形式不断创新,活动内容不断丰富。"宝图星期讲座"坚持"聆听、分享、传承"的品牌服务宗旨,在原有的基础上进行提升,设计品牌LOGO,强化品牌理念,树立品牌形象,丰富品牌内涵,对内容进行多元化、系列化打造。"宝图英语沙龙"增设"Fun读英文""宝图少儿英语乐园"系列,从单一的面向成年人转为面向成人及少年儿童开展,举办亲子共读、青少年英语交流等活动。

宝安区图书馆展览活动类型不断丰富,除摄影、书法、绘画、插画等艺术类展览外,总馆曾举办博洛尼亚童书插画展,聚焦影像里的爱——《巴夭人的孩子》(彭懿)摄影原作百城联展,林帝浣"时光映画·二十四节气"国画作品展、丰子恺儿童图画书奖获奖作品插画展、"阅读阅好玩——场景互动体验展"等。总分馆联动举办"绘本的力量——宫西达也绘本插画展""文津奖获奖作品展""最美志愿者展览"等。

2. 少儿系列读书活动

宝安区图书馆一直以来重视少儿阅读推广,总分馆各成员馆均设立少儿阅读区和活动区,为家长和少儿营造温馨舒适的阅读环境,配备丰富的少儿馆藏,引导家长关注少儿阅读,参与阅读,培养少儿良好的阅读习惯。

宝安区图书馆少儿读书活动,主要以绘本、音乐、电影为载体,定期在总分馆阵地举办,以常态化的形式吸引家长关注和参与。活动品牌有"图图姐姐讲故事""宝图'爱阅'小课堂""'童书宝贝'绘本剧""宝图少儿英语乐园""'小图书馆员'职业体验"等,活动形式有绘本导读、亲子共读、读书沙龙、绘本剧演出、绘本美术创意、音乐亲子互动等。馆员还参考网络评价、出版社绘本书目、绘本获奖情况、读者借阅排行、专家推荐、馆藏新书推荐等信息,编印《优秀儿童绘本书目推荐》,提高少儿读者的阅读积极性。

2013年度宝安区图书馆荣获中国图书馆学会颁发的"全国少年儿童经典读物情景剧视频大赛"优秀组织奖、情景剧《小红帽》荣获"全国少年儿童经典读物情景剧大赛"金奖、情景剧《三只小猪和大灰狼》获"全国少年儿童经典读物情景剧大赛"铜奖。宝安区图书馆少儿馆荣获 2015 年中国图书馆学会颁发的"全国十佳少儿绘本馆"。

3. 主题阅读推广活动

宝安区图书馆根据自身的定位和不同类型读者的需求，坚持"以人为本、文化共享"的原则，结合每年的"4·23 世界读书日"、图书馆服务宣传周、外来青工文体节、"深圳读书月"以及各类主题日，有针对性地开展不同类型的主题读者活动，如图画书展览、主题征文、朗诵活动等，满足多样化的阅读需求。

"4·23 世界读书日"期间，总分馆联动开展"共读半小时"全城阅读活动；"阅宝安 悦成长"——宝安总分馆"111"阅读行动，在 1 个区级总馆，10 个街道分馆、100 个阅读服务点统筹开展；举办"爱阅读小镇"主题活动；举办"吹吧，四月的风"语言艺术汇朗诵活动等。寒暑假期间，总分馆联动开展"馆长少年"职业体验活动。每年深圳读书月期间，全市公共图书馆、高校图书馆联合举办"阅在深秋"公共读书活动，宝安区图书馆总分馆联动先后策划搭建"舞阅图书""游阅宝安""阅动宝安""幸福宝安 智创有爱"等主题场景，组织互动体验，并在总分馆开展"全民阅读，书香宝图"征文活动。此外，宝安区图书馆还常年开展"书香雅韵""创想汇""开学季盲盒活动"等主题活动。

二、阅读推广活动的联动机制

独立的公共图书馆所拥有的资源和服务辐射范围是有局限的，开展资源共享，互联互通的阅读推广活动可以更有效地扩大活动影响力。在宝安区公共图书馆总分馆体系建设下，通过对分散的活动资源进行统筹整合，总分馆优势互补，联合开展各类主题阅读推广活动、巡展联展，实现活动资源效益最大化；通过规范总分馆联动的活动开展流程，充分调动馆员的积极性，可以保证活动的有序化、规范化开展，提升体系成员馆的活动专业化水平。

1. 构建人才队伍

（1）培训阅读推广人

总馆各部门、各分馆都有阅读推广馆员，负责做好活动预算、制定读者活动目标任务、组织实施读者活动，协调各种关系，制定应急预案等，落实宝安区公共图书馆总分馆制下各类活动的开展，确保活动品质。宝安区图书馆每年推荐数名优秀阅读推广馆员参与省、市专业阅读推广人培训班，获得"阅读推广人"证书。宝安区图书馆总馆定期开展阅读推广业务培训，召开阅读推广研讨会，提升馆员阅读推广服务能力。

（2）组建设计、宣传等专项工作小组

宝安区图书馆鼓励有特长的馆员积极加入专项小组，充分发挥自身特长，根据活动需求设计海报、制作活动宣传小视频、拍摄活动照片、撰写活动宣传稿、微信推文等，并不定期开展平面设计、小视频剪辑、摄影技能提升等专题培训；组织召开宣传推广研讨会，指导文稿写作，提升写作素养，拓展宣传推广思路；开展优秀馆员设计作品专题展览，对表现优秀的员工进行年度考评优秀推荐。

2. 建立联动运行机制

宝安区图书馆总分馆体系下的阅读推广活动，以总馆为中心馆，负责大型活动和重点活动的总体规划、统筹协调、资源配置、组织指导和宣传推广，以及与活动相关的制度制定；各分馆根据馆藏特色和读者需求进行阅读推广活动策划，参与总馆组织的重点活动，协同配合、联动开展。全区公共图书馆总分馆之间建立活动联办、品牌共建、资源共享、合力宣传的关系。总分馆之间的活动多由总馆统筹，成立临时项目小组，明确牵头部门，统筹协调人、财、物等相关事务，分馆配合执行，如"馆长少年"职业体验活动围绕重点主题开展；"宝图星期讲座""图图姐姐讲故事"由总馆进行品牌孵化，在分馆复制推广；展览活动由总馆统筹资源，分馆提供场地巡回开展。

（1）跨区域的总分馆联动主题活动

"阅在深秋"公共读书活动和"共读半小时"全城阅读活动是深圳市图书馆界的两大品牌活动，也是各区图书馆集体亮相和展示的大平台。宝安区图书馆集合总分馆的力量，由总馆阅读推广部牵头策划统筹，各参与分馆和部门根据各自特色策划活动。活动主题、宣传物料、媒体宣传由总馆阅读推广部负责，活动的实施由各馆阅读推广馆员根据《宝安区图书馆制度汇编》中《读者活动策划实施规则》落实。

（2）总分馆体系下的展览和阅读推广活动

街道分馆的展览资源比总馆少，需要总馆统筹资源，联合分馆开展联展或巡展。如 2021 年总馆策划"第 16 届文津图书获奖作品展""我们不一样的朋友"——拥抱"星星的孩子"科普艺术展在总分馆进行同步展示。2022年总馆共策划 10 项展览到分馆进行巡回展示,如总馆办公室策划的"遇见你——宝图文创巡回展"在街道分馆、社区阅读中心进行;总馆参考特藏部策划的"红色经典连环画专题展""寻根探宝——宝安姓氏家谱文献展""记'疫'2022——抗疫专题资料展""图说宝安——地图资料展""风雅宋——宋代生活美学展"等专题展览在松岗、福永、福海以及 1990 分馆进行。

总馆的大型主题活动由总馆各部门联动开展。如 2018 年馆内举办的"文脉深圳 数典问祖"系列活动,由信息服务部(现已更名为参考特藏部)牵头,负责宝安区宣传文化体育发展专项资金的申报和撰写项目绩效报告、展览布展及配套活动的策划和执行,书刊借阅部配合活动的执行,总馆办公室负责活动宣传工作。

第三节　活动品牌建设

打造特色活动品牌,是图书馆提高服务水平的客观需要,也是新时代背景下提升自身竞争力和影响力的重要途径。近年来,国内公共图书馆对读者活动品牌打造力度较大,大多数公共图书馆都建立了读者活动品牌,有成熟的建设模式,配套规范的业务工作机制。

一、品牌建设模式

由于公共图书馆人力、物力和财力有限,组织丰富多彩的活动也需要借助社会力量,引入社会资源,实现合作共赢。宝安区公共图书馆总分馆体系建设采用"图书馆 +"模式,活动品牌建设亦借助社会力量,广泛采用"图书馆 +"。

1. 图书馆 + 政府机构

公共图书馆与政府部门之间有着密切的工作联系,在创建知识型社会方面,政府各部门均投入大量人力物力。积极争取政府各部门的支持,共同开展与阅读相关的活动,对创建读者活动品牌有积极的推动作用。如宝安区图书馆与宝安区委宣传部合作开展"绿书签·读书分享会";与宝安区委党校合作,邀请党校老师开展"宝安读书论坛";与宝安文联合作开展征文类、摄影类、艺术类展览等主题活动；与宝安职业能力开发局合作开展技能类培训活动；与宝安法院合作，在宝安区图书馆设立"普法宣传教育基地"，举办"法治大讲堂"普法系列讲座。通过这类合作，不仅可以降低活动成本，引入专业的师资力量，还可以丰富活动内容和形式。

2. 图书馆 + 行业机构

各行业机构在专业领域里具备非常丰富的人才资源，图书馆与行业机构有较多开展活动的合作机会，不少行业机构有服务社会的意愿，其专业知识能够帮助市民普及百科知识、提高审美情趣。宝安区图书馆与香港大学深圳医院合作开展"健康有约"系列讲座，从中医、全科、外科、肿瘤、急诊、内科等医学专业角度向市民传递健康养生信息，为市民的科学保健做专业化的指引；与深圳 11K 影像俱乐部合作举办的"影像生活"系列讲座，普及摄影知识，以专业的摄影公开课、影像创意沙龙、外出实拍指导等让市民接触和了解影像艺术的魅力，提供一个全方位的摄影技术交流和分享的平台；与西乡乐谷合作举办"万语说乐"系列讲座，以专题音乐讲座、艺术互动等方式，向市民介绍各类乐器的特点及演奏知识，进行基础音乐普及；与深圳晴天心理咨询有限公司开展"心灵驿站"系列知识讲座，协助市民解决心理问题。

3. 图书馆 + 出版机构

出版行业在图书资源和作家资源方面有得天独厚的优势，而公共图书馆有着庞大的读者群体，对出版社进行图书宣传推广非常有帮助。因此公共图书馆和出版机构合作，优质图书资源 + 目标受众群体，强强联合开展读者活动，可取得双赢。如宝安区图书馆跟启发文化、乐乐趣童书等机构合作，不仅有丰富的少儿类图书资源，还有很多少年儿童喜欢的作家资源。联合开展小读者与作家见面会，深受家长和少年儿童欢迎。宝安区图书馆曾邀请儿童文学作者八路、保冬妮、程玮、史雷等来馆开展"原创童书共读"系列讲座；新冠疫情期间，宝安区图书馆与深圳出版发行集团合作开展线上"名家领读"系列讲座。

4. 图书馆 + 媒体

媒体行业在宣传和传播上具备相当的影响力，对读者活动品牌的打造和推广有着非常重要的作用。宝安区图书馆与媒体建立合作关系，共同开展读者活动，借助媒体庞大的社会关系网，邀请国内知名专家学者来馆登坛开讲，扩大宣传力度，提升读者活动品牌影响力；如与《深圳晚报》开办的"深圳商帮大讲堂"系列讲座,活动面向深圳企业家群体,同时借助"晚报"进行宣传报道;与《南方都市报》合作举办高端专题讲座"南都论坛",邀请国内一线专家学者来馆开讲,在"南都"报纸及其微博、微信上进行活动推广和宣传,形成了较大的社会影响力;与《香港商报》合作开展"悦享厅"名作家面对面活动,邀请中国作家协会的知名作家来馆开讲,受到了市民广泛关注;与《宝安日报》合作开展"宝安文化茶座"活动,并在《宝安日报》上进行专版报道;与深圳 FM 104.3 电台合作,每周对宝安区图书馆的读者活动进行电台播报;等等。

5.图书馆＋民间阅读组织

民间阅读组织在推动全民阅读,营造书香社会方面有着不可忽视的影响力。民间阅读组织有一批致力于推广阅读的志愿者,他们扎根基层,自愿开展各类公益性读书活动。宝安区图书馆与民间阅读组织的合作包括:与深圳读书会联合开展"职场新天地"活动,为深圳的职场人士提供了学习、交流、成长的平台;与彩虹花公益小书房合作,开展少儿故事会活动等。

二、品牌建设工作思路

1.品牌定位和策划

在品牌建设过程中,不仅需要结合自身的地域特色、发掘馆藏或资源优势,打造具有鲜明特色的品牌活动,还需要注重品牌创新的动力,可与其他社会公益活动的内容做深度融合,做到形式、内容和主体多元化,从更多的角度去打造品牌,丰富品牌形象,吸引读者的关注和参与;更要从品牌定位、品牌设计、品牌传播、品牌延伸、品牌保护等多方面形成体系化建设,保障品牌的价值和竞争力,赢得读者的青睐。

宝安区图书馆品牌活动的策划也从这些方面着手,尽可能以满足用户需求为导向,立足总分馆体系实践,找准总分馆空间、资源、服务的特色和优势,进行策划与实施。在总分馆进行活动推广时,尽量做到标识统一化、内容系列化、形式多样化、合作多元化等,对品牌的视觉形象进行打造,提升品牌的辨识度和影响力。如各街道分馆立足基层读者需求,结合特色馆藏资源、馆舍空间、街道文化,建设各具街道特色的活动品牌"喜阅西乡""福蕴书海""爱阅阳台""'亲'松 YUE 读""品阅蚝乡"系列等。

2. 品牌宣传

构建立体化的宣传方式，运用不同的宣传平台和媒介，选择能满足目标群体需求的媒体进行传播，充分利用媒体广告、公关活动、营销事件、名人效应、新闻报道等多种形式，准确、有效地传播品牌。宝安区图书馆在品牌活动的宣传推广方面借鉴商业的营销模式，有专门的宣传团队，制定宣传计划，确定明确的宣传推广方式和目标，必要时开展读者需求调研，将活动项目作为营销产品，紧扣读者活动品牌形象，综合考虑活动成本，通过张贴海报、全媒体报道、发放活动宣传品和纪念品等方式进行营销，同时加强与用户之间的沟通，进行服务评价反馈，及时调整营销策略。如宝安区图书馆总馆阅读推广部是专门开展阅读推广工作的部门，有团队进行活动策划、实施以及宣传，为主题活动的开展制定全面的活动方案，根据不同的活动目标进行宣传推广。

3. 品牌管理

在品牌建设过程中明确 VI 与 LOGO 的使用，规范活动流程、完善活动营销方式，控制活动风险，按标准和要求对活动进行工作指导，保障活动的正常有序开展。宝安区图书馆围绕品牌活动制定了相关的工作细则，并列入《宝安区图书馆制度汇编》，进行规范化管理，包括《读者活动策划实施规则》《公益讲座活动工作细则》《英语沙龙活动细则》《展览活动细则》等，总分馆在开展相关活动过程中，馆员可参照执行。

三、品牌活动案例

1. "宝图星期讲座"

（1）活动概况

"宝图星期讲座"是宝安区图书馆的品牌读者活动，致力于提升城市品位，丰富城市人文底蕴，为广大市民建立与文化名人、学者、大师零距离对话、交流与切磋的平台。从 2004 年 3 月开讲至 2022 年底，共举办专家讲座 1100 余期。曾开展"湾区名家讲坛""优阅父母学院""职场新天地""健康养生""音乐艺术（音乐会）"系列等，并结合每年的"深圳读书月""4·23 世界读书日""外来青工文体节"等活动开展名家读书专场活动。曾出席过"宝图星期讲座"的嘉宾有：格非、阎崇年、孙立群、余华、王跃文、保冬妮、唐浩明、梁小民、姜昆、沈国放等。

"宝图星期讲座"有专属的品牌 LOGO（见图 5-15），有专门的服务宗旨——聆听、分享、传承，活动执行团队定期进行业务培训，制定规范的工作流程和工作细则，根据读者不同需求，有针对性地开展内容不同的公益讲座。

图 5-15　"宝图星期讲座"品牌 LOGO

（2）活动成效

"宝图星期讲座"注重品牌成果的累积和再传播，每年编印《宝图星期讲座精选录》，录制《宝图星期讲座视频集锦》。该活动 2013 年获评"深圳市全民阅读示范项目"，2017 年获评深圳关爱行动"百佳市民满意项目"，详见图 5-16。

图 5-16　部分《宝图星期讲座精选录》封面

2. "宝图英语沙龙"

（1）活动概况

"宝图英语沙龙"自 2004 年 7 月开办至 2022 年底，共举办 500 余期。沙龙围绕名著欣赏、电影赏析、商务英语、日常英语、英文阅读等主题，邀请中外老师担任主持人，以交谈分享、游戏互动的方式，为读者提供英语学习和交流的平台，培养市民读者的听、说能力，提高外文馆藏资源的利用率。

活动具有如下特点：

①按受众群体策划活动内容。"宝图英语沙龙"分成年人英语系列、青少年英语系列。成年人英语沙龙主题内容多元，兼具知识性和实用性，内容轻松、贴近生活，涉及外文名著解读、经典原版电影赏析、欧美文化、社交礼仪、经典好书推荐等主题，沙龙以对话交流、影片评论、经典阅读、角色演绎等形式开展，注重英语水平进阶，互动性强。青少年英语沙龙以英语启蒙、日常交流、学习成长为主，培养少儿和青少年用英语进行日常对话交流及听说读写的能力。

②按活动内容精心挑选主持。为确保英语沙龙的活动品质，在沙龙主持的选择上，宝安区图书馆主要与国内知名度高的培训机构合作，如新东方教育科技有限公司，此外，还会挑选在英语沙龙活动中表现活跃且具备高水平英语能力的读者客串沙龙主持，增加活动的参与感。青少年系列的"Fun 读英文"长期与深圳外国语学校国际部的 Evereads 社团合作，活动获得了 6—12 岁青少年的喜爱，有不少学生常年关注并持续参与。

③按主题进行资源推荐。结合沙龙主题，向读者开展荐书活动，不定期在宝安区图书馆网站、QQ 群、微博、微信公众号上推送沙龙推荐的外文书目，同时将活动主题涉及的经典语录、参与者现场精彩发言，有趣的活动现场片段、重要的知识点进行后期编辑和剪辑，在宝安区图书馆网站、微信公众号推送，引导读者更好地利用宝安区图书馆的外文馆藏资源。

（2）活动成效

"宝图英语沙龙"活动常年开展，已形成了相对固定的读者群体，通过活动的宣传和以老带新，带动了不少英语爱好者的学习和参与热情。2012年、2013 年宝安区图书馆被宝安区职业能力开发局评选为"宝安区示范英语角"；2014 年宝安区图书馆被深圳市人民政府外事办公室授予"2014 年度金牌英语角"，"宝图英语沙龙"讲师 Christopher 被深圳市人民政府外事办公室授予"英语角人才"称号；2016 年宝安区图书馆荣获第六届"图书馆杯广东全民口语大赛"优秀组织奖；2017 年第七届"图书馆杯广东全民英语口语大赛"中，宝安区图书馆选送的参赛选手，1 位获总决赛三等奖，2 位获全省优秀奖,活动主持人获"优秀指导老师"奖;2019年宝安区图书馆获全国首届"图书馆杯全民英语口语风采展示活动""组织之星"称号。

3."师者说"

(1)活动概况

在普遍存在升学压力与教育焦虑的当今社会,学生及家长心理负担重,亟待松绑减压。宝安区图书馆结合民生热点,自2021年起开展"师者说——名校长谈面向未来的教育"系列活动,这是宝安区图书馆全新打造的教育类主题讲座,邀请具有社会影响力的名校长来馆开讲。他们深谙教书育人之道,从不同角度出发,为读者分享他们的经历、思想与教书育人的宝贵经验。曾邀请袁卫星、李唯、张旭、邬晓莉、李巍、龚振等知名校长参与其中。

"师者说"采用线下+线上直播的方式,由教育专家针对当前教育热点展开论述,读者向教育专家提问,双方共同探讨当下关注的各类教育问题,试图以"未来"点题,扭转教育功利化导向,以文化人、以德育人,化解社会升学焦虑,为教育赋能。

(2)活动成效

"师者说"系列活动受到了广大市民的关注和认可,截至2022年底共举办15场,线上累计点击次数达35万,活动得到《广州日报》、《深圳商报》、宝安融媒等媒体的宣传报道。

4."图图姐姐讲故事"

(1)活动概况

宝安区图书馆新馆建成开放后,市民的阅读需求大幅增长,为进一步满足未成年人的阅读需求,宝安区图书馆创建少儿阅读推广活动品牌——"图图姐姐讲故事"(LOGO见图5-17),以馆员讲解绘本的形式,结合绘本的故事情节开展相关的创意手工、游戏、表演、实验等延伸活动。以"图图姐姐讲故事"为载体向未成年人推广图书馆资源和服务,培养未成年人和家长利用图书馆的能力。

图 5-17　"图图姐姐讲故事"品牌 LOGO

活动具有如下特点：

①开展团队专业化。"图图姐姐讲故事"由宝安区图书馆参加过阅读推广人培训的馆员，以及馆外取得相应资质的专业阅读推广人开展。宝安区图书馆不定期安排专题业务研讨，探讨更优化的活动方案，不断提升活动品质。

②活动对象明确化。"图图姐姐讲故事"秉承"快乐阅读、健康成长"的宗旨，为 0—12 岁的孩子打造知识性与趣味性相结合的阅读新模式，注重对家长的阅读指引，活动的开展要求家长陪同孩子共同参与，建立良好的亲子阅读关系。根据活动目标、听众年龄和认知水平等挑选主题绘本。选择分享绘本的原则包括：有鲜明的视觉图像、有优美的文字和画面、有故事性、符合孩子的生活经验和思考逻辑、情节简洁清晰、有悬念、令人赏心悦目。在选定书目后，拟写讲读方案，设计活动形式，提取绘本中相关的内容进行延伸阅读等。

③活动主题系列化。活动结合中国传统节日如春节、元宵节、中秋节等，或以"上学""成长""友谊""情绪"等为主题开展，主要目的是拓展孩子们的视野和丰富生活经验。活动围绕设定主题进行 PPT 制作、人员组织、现场讲述、活动回顾与宣传、总结与完善等。

④活动阵地不断延伸。"图图姐姐讲故事"不仅在总分馆阵地开展活动，同时也走进幼儿园、小学、福利院等机构，受到家长、学校和孩子们的认可和肯定。

（2）活动成效

活动从 2015 年开展至今，"图图姐姐讲故事"已成为总分馆体系延续时间最长的未成年人活动品牌，从总馆到街道分馆、社区阅读中心都能看到"图图姐姐"们的身影，平日下午或周末来图书馆听"图图姐姐"讲故事已成为家长和小朋友们的习惯。2016年"图图姐姐讲故事"获首届广东省图书馆阅读推广案例大赛三等奖。

5. "馆长少年"

（1）活动概况

宝安区图书馆的"馆长少年"职业体验活动，自2021年起，每年寒暑假期间招募9—15岁的青少年来宝安区图书馆总馆及各街道分馆担任"馆长"，以"培训＋实践"的职业体验方式，让青少年了解图书馆、参与图书馆服务，并评选出"馆长少年"授予聘任证书，对宝安区青少年阅读起到了良好的示范作用。"馆长少年"职业体验活动有专门的活动品牌标识，有全套品牌物料包括"馆长少年"品牌LOGO（含品牌商标注册和版权登记）、海报、资料夹、工作证、帆布袋、工作围裙以及笔记本等（见图5-18），品牌标识醒目，辨识度高，并且在宝安区图书馆网站设立有品牌介绍专栏，便于对活动进行回顾和宣传。

图 5-18　"馆长少年"品牌 LOGO 及品牌物料（工作围裙、环保袋、资料夹）

　　活动在总分馆联动开展，由总馆青少服务部牵头拟定活动方案，与各部门、各街道分馆联合组建活动执行团队，共同商讨活动计划，进行活动分工。活动实施过程中，由青少服务部联系培训主讲老师及确定培训内容，各部门、各街道分馆在培训后分别指导青少年开展上岗实践、图书整理、阅览室读者服务及咨询办证等，并根据评审标准给予各项任务的评分，评选出年度"馆长少年"，每届馆长少年聘期为一年。寒暑假实践培训、结业典礼由青少服务部统筹，并继续跟进"馆长少年"聘期内的任务，根据完成情况，在年底召开"馆长少年"年度总结及学习研讨会议。

　　（2）活动成效

　　该活动在微信公众号进行公开招募，在宝安区图书馆网站的品牌服务专栏进行及时报道。2021年首届活动通过报纸及数字媒体进行报道5次，第二届活动通过报纸及数字媒体报道15次。第二届"馆长少年"还受邀参加宝安地区融媒体《向快乐出发》节目。"馆长少年"职业体验活动开展至今，受到上万名家长和青少年的关注。"馆长少年"们在实践及履职期间，充分发挥图书馆"馆长"的主人翁精神，认真参与培训和上岗实践，积极开展读书活动，撰写好书推荐文案，向身边亲人、同学、朋友推荐图书馆及馆内相应服务。他们在学习和生活中为图书馆代言，有些参与者甚至将图书馆员定为自己未来的职业目标。

第六章 "宝安模式"的资源建设

第一节 文献资源建设标准的制定

一、文献资源特点与建设原则

1. 文献资源特点

宝安区公共图书馆体系的文献资源涵盖了总馆、街道分馆、主题分馆和社区分馆。2008年起，宝安区图书馆实行文献资源统采统编，由总馆采编部门牵头制定文献资源采购计划，并进行编目加工，为各成员馆提供文献资源保障。由于各成员馆所处的地理位置、历史文化及经济文化特点、服务功能及主要读者对象不同，其馆藏文献资源特点也不尽相同[①]。

（1）总馆文献资源特点

宝安区图书馆总馆作为中心馆，是宝安区文献资源收藏中心、文献加工与服务咨询中心、业务指导与人才培训中心，负责宝安区总分馆体系各成员馆的文献资源采购、编目配送及区域内文献资源流通共享。因此，总馆文献资源具有综合性、普及性、地方性、多语种、多载体等特点。

（2）成员馆文献资源特点

①街道分馆一般是行政区域内一个街道的中心馆，是宝安区三级公共图书馆服务体系的重要节点，起着承上启下和联结作用。街道分馆主要满足本街道区域读者的需求，其文献资源具有普及性、地方性等特点。在满足普通外借文献入藏的同时，街道分馆还应重视并加强各馆特色馆藏、工具书馆藏

---

① 蔡冰.区域集群图书馆文献信息资源保障实施策略[J].图书馆建设,2007(4):1-3,8.

等馆藏建设。

②社区分馆是图书馆服务在基层的延伸，一般是某个社区或者小范围地区内的分馆，主要包括社区阅读中心、服务点、智慧书房等，是社区内文化、信息和教育中心，其文献资源具有大众普及性、通俗休闲性等特点。依据不同年龄层次的读者群体情况，宝安区公共图书馆社区分馆按照少儿类文献 35%、青少类文献 35%、成人类文献 30% 的比例进行文献资源的分配。

③主题分馆是通过特定领域（某一领域或数个领域）的专藏和服务来满足人们对专类知识和专门主题信息需求的图书馆[①]。主题分馆与街道分馆和社区分馆的不同之处在于，其文献资源主要结合当地特色或按照某一特定主题，以特色资源为主，补充普及性资源。主题分馆主要满足读者对某一主题文化的需求，具有专题性等特点。

2.文献资源的建设原则

宝安区图书馆通过建立起具有地域性、特色化的、科学的文献资源体系，满足读者大众需求，为地方文化经济发展提供优质的信息服务。进行文献资源建设需要在立足读者需求的基础上遵循以下原则：

（1）整体性与区域性

宝安区图书馆文献资源建设的整体性原则体现在：以本区域公共图书馆的发展方向、目标、价值和重点为依托，从大局出发，协调平衡各类型文献之间、不同阅读群体之间的关系。区域性原则体现在：根据本区域的地理、历史、经济和文化特点，不断加强特色资源的建设，构建结构合理、重点突出的馆藏体系，形成有显著特色的优质馆藏结构。

（2）系统性与连续性

文献资源建设涉及经费、读者、馆藏结构、馆藏规划等因素，需要科学系统地考虑各方面的相互影响、相互作用，并制定合理的馆藏文献资源建设政策。在重点或特色资源的收集方面，应力求保持文献资源的系统性、连贯性和完整性，不断积累各类文献资源，以便充分发挥文献资源的效用。

（3）计划性与实用性

宝安区图书馆文献资源建设根据总分馆体系文化发展规划和馆藏建设制

---

① 应晖.主题图书馆的杭州模式［M］.北京:国家图书馆出版社,2019:21.

度，编制年度文献购置经费预算、拟订年度采购工作计划、制定具体的采购细则和采购工作流程，并在实际工作中认真贯彻实施。采编部门为各成员馆所采购的文献必须考虑文献类型、服务对象、区域文化特性等因素，收集符合总分馆实际需要的文献资源，让文献资源被读者利用，实现价值。

（4）分工协调与共建共享

宝安区图书馆文献资源建设应结合各成员馆的读者群体特点，既要考虑总分馆整体发展需要，也要注重图书馆之间的文献资源共建共享。各成员馆在文献补充方面既要有明确的分工，又要有紧密的协作，从而实现文献资源的合理分配，避免重复建设，提高不同图书馆的馆藏文献质量。

二、文献资源规划及馆藏发展政策

1. 文献资源规划

（1）建设规划

文献资源规划的制订，需要以读者需求为导向，以数据分析为基础。在调查研究和专家论证的基础之上，宝安区图书馆根据各成员馆的性质、任务、读者对象、发展方向和经费情况等，明确总馆、街道分馆、社区阅读中心与图书服务点各自的文献资源配置要求，并合理布局馆藏，制订总分馆文献资源配置方案，建立总分馆之间、各部门之间的联动机制，促使图书馆绩效管理与馆藏资源配置相结合，充分满足大众基本阅读需求。结合图书馆实际情况，宝安区图书馆在前期论证的基础上，根据年度经费投入、设备状况、技术手段、特色文献及人员配备，制定出具有可操作性的计划。

（2）年度采访计划

总分馆体系中各级成员馆分别有自身的服务定位、特色资源方向及读者群。采访人员需要通过开展读者调研活动、查看借阅数据统计分析结果的方式，了解读者的阅读需要和阅读动机，及时梳理和掌握读者对各学科文献资源的需求状况，合理调整及优化馆藏结构，制订科学合理的学科文献资源采访计划，及时补充所需各类文献资源。

①在文献类型上，采访人员应区分总馆及基层馆的需求，合理分配不同类型文献在不同级别馆的配置占比。根据不同的特色馆藏定位，总分馆除应侧重基本馆藏建设外，总馆还应重点入藏设计类、工具类及地方特色类文献；街道

分馆按照各馆不同特色馆藏方向，重点入藏与本馆特色馆藏方向一致的文献；主题分馆则重点入藏与本馆主题方向一致的文献。

②在馆藏结构上，采访人员应根据图书馆的读者群体和发展方向，明确本馆图书各学科占比、不同阅读群体文献比例。宝安区图书馆按照社会科学文献分配比例为70%、自然科学文献分配比例为20%、综合类文献分配比例为10%的总体要求进行馆藏分配。在这个馆藏分配比例前提下，再根据阅读群体覆盖情况，重点入藏未成年人文献资源，即青少年和少儿类各类文献分配比例达70%，成人类文献分配比例仅30%。

③在采访和配送频次上，统筹规划，以各级别馆容量及读者进馆、借阅情况为依据，进行合理安排，通过固定采访时间和配送频次的方式，不断更新基层馆图书品种。根据各成员馆文献资源的年度分配计划量，总馆通过现场采购的方式每月配送2次图书、街道分馆则通过书目征订的方式每2个月配送1次图书、社区分馆通过书目征订的方式每季度配送一次图书。

④在经费分配上，采访人员以体系各级成员馆的馆藏定位为前提，结合各馆馆藏容量、读者借阅分析数据、文献资源采购成本等实际情况，合理安排不同级别馆不同类别文献的配置计划。宝安区图书馆根据年度预算情况及各成员馆馆藏容量，2021年总馆各类文献配置量近6万册，街道分馆各类文献配置量达7.6万册，社区分馆各类文献配置量达4万册。

2.文献资源馆藏发展政策

（1）政策依据

馆藏发展政策是图书馆发展的一种规划性文件，目的是为图书馆馆藏的维护和发展提供政策框架，用以保证馆藏发展的连续性和一致性，最终使馆藏建设为图书馆发展的整体目标服务。制定馆藏发展政策，需要从图书馆定位、经费来源、馆藏级别、采选流程、文献类型和保持政策持续性等方面进行总体规定，政策规定内容应具体清晰，具备可操作性，并明确读者在馆藏发展中的权利与责任。

（2）政策内容

文献资源馆藏发展政策应包括文献资源规划，文献资源采访、管理与保护，文献资源评价，馆际合作与资源共享等方面的内容。

①文献资源规划：根据宝安区图书馆服务人口特点，明确规划年度入藏图

书、报刊、电子资源的数量及学科分布。根据图书馆定位、任务和读者需求，确定文献资源的收藏范围、类型、主题和深度[①]。

②文献资源采访、管理与保护：文献资源采访包括采选方针、采选要求、采选方式、各类别图书类别分布及复本控制、结构要求等；文献管理涵盖文献清点、修补与剔除；文献版权保护，包括文献复制的合法性、图书来源监督等。

③文献资源评价：宝安区图书馆通过"图书馆之城"系统的统计数据进行馆藏评价，深入分析馆藏存在的优点与不足，评价各类馆藏强弱，以此改进文献采访工作，提高馆藏文献资源建设质量。

④馆际合作与资源共享：宝安区图书馆积极参与行业协会开展的社会合作项目，参与跨联盟、跨地区、跨系统的图书馆协作工作，加强与各省、市、区馆及其他地区兄弟馆的联系，参与市、区公共图书馆数字资源的联合建设等，推进区域性数字资源的联合采购、协调采购、共建共享。

三、文献资源采访原则及标准

1.总分馆文献采访原则及标准

图书馆文献采访标准是采访人员在采集文献过程中所需遵循的依据或准则[②]。宝安区公共图书馆总分馆体系文献采访始终坚持实用性、思想性、经济性、系统性等原则，结合本级公共图书馆的职能任务，把握公共图书馆馆藏的综合性、实用性、系统性、连续性、地方特色和专题特色等特点，根据本馆馆藏发展政策，结合本馆馆藏基础，合理配置各类资源，不断提高馆藏文献的质量，优化馆藏文献结构，提高资金的使用效率，努力建立起本馆科学、合理、实用的文献资源体系。

2.总分馆文献资源加工规范

为实现总分馆文献资源流通共享，文献资源编目加工规范应设置统一标准。一方面，严格执行国家标准，依据《中国图书馆分类法》《中国分类主题词表》《中国文献编目规则（第二版）》《MARC21书目数据格式使用手册》

---

① 李瑞欢.公共图书馆工作实务［M］.北京：现代出版社，2018：189.

② 黄宗忠.文献采访学［M］.北京：北京图书馆出版社，2001：359.

等，另一方面需参照深圳市编目规范《公共图书馆统一服务书目质量控制规范》（SZDB275—2017）编制文献资源编目规则。同时，文献加工规范需要具有统一性、可识别性、操作性强等特点，具体表现在：统一性指总分馆文献资源加工规范一致，加工附件位置一致，基本能通过文献资源外观判断为宝安区总分馆体系的文献资源；可识别性指已加工的文献资源可通过 RFID 电子标签等记录其信息，读者能够在图书借还设备上进行借还操作；操作性强指加工规范能实际指导工作人员进行图书加工。

宝安区图书馆实行的是编目加工业务外包，即将数据套录、图书辅助加工业务（贴条码、书标、盖馆藏章）外包给加工商，原始编目、数据审校等业务由图书馆专人负责[①]。宝安区图书馆通过审校、验收图书的入藏数量和抽查编目数据质量、馆藏分配情况等，对不符合要求的情况进行分级处罚，能对文献资源编目加工情况进行有效把控和管理。

四、数字资源建设

1. 数字资源采购规则

（1）根据总分馆体系业务发展和工作需要，宝安区图书馆通过网络、电话、面谈等多渠道收集各类数据库资源信息，并适时获取服务部门建议和读者荐购信息。

（2）根据馆藏发展需求，宝安区图书馆结合近年来的预算、经费使用情况、资源使用对象变化、资源使用评估报告，每年第三季度启动下一年度数字资源经费预算编制工作。

（3）外购数据库处理方式包括续订、新订或停订。每年上半年根据数字资源采购预算，图书馆采编部门制订本年度采购计划，并报分管领导和馆长办公会审定后，再按计划进行采购。

2. 自建数字资源建设原则

目前，宝安区图书馆正在建设"宝安记忆"专题文献资源库，为规范自建专题数字资源的选题、建库、数据更新、审核与维护等工作，确保资源质量，

---

① 方家忠,刘洪辉.公共图书馆文献信息资源政府采购[M].广州:暨南大学出版社,2010:190.

专题数字资源主要选自本馆特色馆藏资源或易于获取的具有本地特色的资源，涵盖了村志、街道志、家谱族谱、史料、年鉴、文集、名录、资料汇编等各种类型的地方文献，具有很强的使用价值和保存参考价值。

五、文献资源质量评价

馆藏评价是馆藏发展过程的重要一环，图书馆通过馆藏评价，可了解总分馆体系馆藏的优点与不足，并以此作为修订馆藏发展政策及充实馆藏的依据。

1. 馆藏评价依据

依据《中华人民共和国公共图书馆法》中有关"文献资源建设"各项指标要求，并根据国家标准《信息与文献 图书馆绩效指标》（GB/T 29182—2012/ISO 11620:2008）及《公共图书馆服务规范》（GB/T 28220—2011）等，开展本馆的馆藏评价工作。

2. 馆藏评价标准

（1）馆藏数量：着重从馆藏保障率、读者满足率、馆藏科目覆盖率等多个方面进行评价。

（2）馆藏的信息知识含量：核心书刊就是指科学信息、专业知识含量大的书刊，图书馆应注意精选图书品种，使核心书刊的数量达到一定水平。

（3）馆藏结构：着重从文献的学科结构、等级结构、文种结构、时间结构和类型结构等多个方面对馆藏结构进行评价。

（4）馆藏利用情况：藏书利用率高低是对馆藏质量、馆藏结构等方面的综合反映。图书馆应充分考虑馆藏文献资源流通状况，明确各类型文献资源、体系各级成员馆及各年龄阶段读者的借阅需求情况，及时补充流通率较高的文献资源。

3. 馆藏评价方法

馆藏评价由相关部门通过数据统计分析、问卷调查、构建评价指标等方法对馆藏建设进行多方面评价。

（1）采编部门至少每年开展一次馆藏量统计工作，评价馆藏量是否达到基本标准。

（2）服务部门至少每年进行一次馆藏内容类别统计工作，以评价读者对馆藏满意程度。

（3）读者使用分析：服务部门每年进行一次进馆人次与使用行为分析，了解读者使用需求及各类资源流通率，分析结果可作为文献资源馆藏规划、馆藏结构确定、采购计划制订的参考。

第二节 馆藏资源的整合与调配

区域性图书馆文献资源建设采用总分馆管理模式，此模式可保证总馆与基层分馆文献资源的共享，避免重复建设。

一、文献资源的整合与共享

1. 采编业务的整合

在编目数据方面，深圳市实行"图书馆之城"统一平台，通过整合各区原有的书目数据、馆藏数据、读者数据，统一管理图书编目和文献借还操作。为保障总分馆各类文献资源书目数据的标准化，全市公共图书馆共用一个 dILAS 采编平台，先将原有的图书在套录总馆或市馆的规范数据后，再将各分馆原有条码统一置换为标准条码，统一分配馆藏地点，对接 ULAS 统一平台，建立起通借通还的大流通服务平台。总馆通过统采统编加强书目数据等方面的业务规范，有利于整个区域范围内图书馆业务的标准化、规范化建设。

在资源分配方面，采编部门负责区域内文献资源建设的统一领导、统一规划、统一采购、集中编目、统一配置。各基层分馆可以向总馆提出自己的文献资源需求，总馆根据其需求、定位、已有馆藏情况、读者特点、地域特征、馆藏特色等，为其合理配置相关的文献资源，基层分馆日常新增图书的购置经费全部纳入区图书馆经费预算。总馆对全区公共图书馆文献资源进行统采统编、统一分配，全区公共图书馆均可共享使用。同时，全市馆藏文献根据馆藏地点、文献内容、文献类型、载体类型进行划分，在此基础上形成不同的书库。在宝安区三级公共图书馆服务体系中，总馆作为区域性总分馆的文献采访编目中心，在文献入藏时，除保证全品种外，非视听的电子文献仅入藏总馆，视听电子文献根据业务需要，入藏总馆及有此业务需求的分馆。

2. 纸质文献与电子文献的整合

为提高读者使用资源的便捷性，协调实体馆藏和虚拟馆藏的同步发展，在宝安区总分馆管理体系中，要加强数字化资源与纸质资源的整合，将纸质文献与电子文献整合到同一平台，通过互联网提供给各分馆读者检索、阅读，实现"一站式服务"。即在图书馆网站中设置专门的文献资源检索模块，如宝安区图书馆公众号的微服务大厅"书目检索"模块和数字资源模块，在线阅读平台的检索模块等，读者通过检索关键词、题名、ISBN、索引等相关信息，即可获取馆藏的纸质文献及电子文献的馆藏信息或全文。

3. 文献的检索与馆藏管理

（1）统一检索

"图书馆之城"平台通过统一检索服务和建设"深圳文献港"，实现了全市公共图书馆之间纸质资源、数字资源的统一服务，整合了全市文献信息资源，建立了跨系统的文献信息资源体系，实现了全市文献信息资源的共建共享。

（2）自由流通

加入全市统一服务的文献，在文献标识、服务平台、服务规则统一的基础上，可在"图书馆之城"各成员馆之间根据不同流通规则进行流通，文献流通类型主要包括中文图书外借、中文期刊外借、电子设备外借、外文图书外借、音像资料外借、盲文资料外借等。不外借文献一般划分为"参考阅览"类型。文献流通规则主要包括：通借通还，无需强制回馆；通借通还，需强制回馆；通借不通还等。读者可自主选择服务项目，也可以自主选择服务地点，有效提升了资源利用率。

（3）服务地点动态管理

在全区各成员馆文献入藏时，采编部门分别对文献的馆藏地点和服务地点进行标引，通过馆藏地点指明文献资产的所属馆，通过服务地点指明文献流通的服务馆。文献归还到各馆后，馆藏地点不变，服务地点变成文献归还点，各级图书馆可根据业务需要，对馆藏地点不属于本馆的文献设置专架或专区供读者借阅，或通过物流集中将文献统一送还文献所属馆。馆藏地点在宝安区内的图书，宝安区内各成员馆可视架位容量直接上架或通过物流送还文献所属馆。服务地点的动态管理，便于读者在检索文献时了解文献所在位置，方便借阅。

图书馆在分析服务数据时也可以清楚了解服务地点的文献利用率。

4.数字资源的共享整合

随着信息传播方式的不断更新，图书馆提供数字资源的种类也越来越多。为满足不同群体读者的需求，图书馆一般会采购丰富多样的数字资源供读者使用。通过建立统一的数字资源服务平台，把异构的数字资源进行有效整合，通过一站式登录的方式，方便用户在较短时间内检索到不同来源、不同类型的文献信息。如宝安区图书馆目前正在使用的"在线阅读平台"，整合了全区已采购的各类数字资源中的音频、视频、电子书刊等，依托宝安区图书馆手机应用程序和微信公众号，为读者提供"一站式检索"与数字资源获取服务，优化了读者的数字阅读体验。

二、文献资源的调配与保障

1.文献调配

为规范宝安区图书馆总分馆馆藏资源管理，提升馆藏资源服务效益，新入藏图书的分配由采编部负责，已入藏图书由密集书库负责。

文献调配应遵循统筹调剂、提高流通率、保持动态性和稳定性的原则，做到来源清楚、去向明确。根据各馆藏地点的馆藏最大容量、现有藏书数量、图书流通率及读者需求等进行合理调配，合理引导图书在总分馆体系内各馆藏地点之间的流动，详见图6-1。

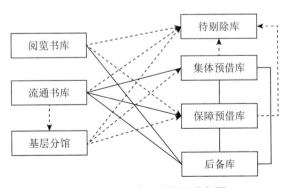

图6-1 总分馆文献调配流向图

注：实线指可以双向进行图书调配、虚线箭头指仅可单向进行调配。

2.建立文献保障机制

文献保障机制的目的是完善、规范和保存馆藏文献资源。宝安区图书馆总分馆的文献保障机制包括以下几个方面。

（1）中文图书复本管理：从接收的新书中挑选一个复本存放至密集书库中的保障预借库；各馆借阅量较低的图书，在保证架位有一个复本的前提下，其余复本可流转至密集书库的集体预借库。

（2）文献修补：文献修补加固是延长使用寿命的有效措施。原则上对于损坏但又未达到剔除标准的文献，工作人员应及时修补，以免影响读者借阅。属于应修补范围的图书包括：轻度破损、条码或封面缺失、脱页、缺页但不影响阅读效果等。

（3）文献下架：根据宝安区公共图书馆事业的发展、馆藏结构的变化，以及馆舍布局的调整，服务部门定期进行馆藏文献下架工作，以增强馆藏文献的活力，优化馆藏结构。此外，不列入常规下架的图书类型包括：①各类学科的经典名著和基本藏书；②各种参考工具书，如字典、辞典、百科全书、书目、索引、年鉴、手册等；③地方文献（复本量较多的可适当下架）；④古籍善本、保障本、专题文献。

（4）文献剔旧：文献剔旧要考虑保持馆藏体系的完整性，尽量做到剔册不剔种；服务部门在文献剔旧工作中应依据文献的利用率进行分析，并注重馆藏结构的合理性，要保持不同类别文献比例的相对均衡。

服务部门在进行文献剔除时，根据文献的外观破损程度决定是否进行修补、剔除和重购等；根据文献中所包含内容的老化程度、重复程度、对本馆资源建设规划的适合程度等决定是否剔除；根据馆藏结构与馆舍布局，确定合理的文献复本量，剔除多余的复本；以文献的使用情况为依据，决定是否应该剔除；根据文献的出版时间、版权日期和采购日期等来决定是否剔除。

第三节　"一街道一特色"馆藏建设

一、总分馆特色馆藏文献资源建设

1. 建设方向及意义

"特藏文献是具有区别于图书馆其他馆藏资料特征的文献,具有稀有性、差异性、全面性"[①],是本馆区别于其他馆最重要的体现,宝安区公共图书馆总分馆体系下包含众多成员馆,各成员馆更需要构建本馆特色馆藏。

总馆作为全区的中心馆,特色馆藏建设应侧重满足高端人才队伍特定需求,采购满足中青年读者学习知识、提升自身素质的文献资源;街道分馆应结合各街道优势需求,以满足大众需要为重点。地方文献作为特色馆藏的最重要组成部分,图书馆应充分利用总分馆体系内各个成员馆的属地服务优势,加大相关文献征集和采购力度,建设地方文献专题数据库。

2. 特色馆藏文献采购

特色文献中的古旧图书、古籍珍本、具有收藏价值的灰色文献、历史名人手稿、民国文献影印本等特殊文献,因其价值珍贵,无法通过一般政府采购流程获得,宝安区图书馆通过组织专家小组对文献收藏价值进行评估,形成专家意见,才能采购入藏。需求部门根据本馆业务发展需要,通过网络、电话、面谈、同行推介、书商推荐等多渠道收集各类特色文献信息,做好价值评估,明确初步采购需求。采编部门根据采购金额、采购流程,采用合适的采购方式,完成采购操作流程。

二、"一街道一特色"馆藏建设

1. "一街道一特色"馆藏文献资源建设

为逐步实现"一街道一特色"的馆藏建设格局,优化总分馆馆藏结构,提升文献资源保障能力、服务能力和服务效益,满足大众阅读需求。宝安区图书

---

① 吴慰慈,董焱.图书馆学概论[M].4版.北京:国家图书馆出版社,2019:186.

馆在充分调研各街道读者阅读需求、经济发展、产业发展、文化宣传等方面现状的基础上，科学合理地规划、建设和管理各街道分馆特色馆藏。

（1）建设原则

①以人为本，需求导向。宝安区图书馆以读者为中心，以读者需求为导向，为服务不同年龄层次、不同文化程度、不同收入水平的读者提供多样化阅读服务，体现公共服务普遍均等原则，促进社会公平。

②因地制宜，特色发展。立足街道，面向社区，推进街道特色馆藏发展。宝安区图书馆结合当地历史、人文资源和经济发展状况，持续开展街道特色文献的收集、整理与展示工作。

③统筹协调，整合资源。宝安区图书馆发挥《中华人民共和国公共图书馆法》的引导作用，统筹总分馆馆藏建设协调发展，着力补充街道分馆馆藏，把街道图书馆特色馆藏建设纳入区域总分馆特色馆藏建设总体规划。

（2）建设思路

宝安区图书馆根据各街道不同的地域特色、产业情况、政策发展方向、服务人群、读者需求等进行规划，既要考虑经济效益，也要考虑社会效益。以满足基层读者文化需求、服务基层产业、弘扬传统文化、传播社会价值观、保护地方文化等为主要方向，采编部门采购具有普及性或专题性的文献资源。

①以推动地区经济发展为方向：宝安区图书馆结合各街道产业发展现状及经济发展政策设立产业特色馆藏，为本地经济发展、政策参考决策提供辅助性作用，如新桥影视产业特色馆藏、松岗琥珀产业特色馆藏、新安通信产业特色馆藏。

②以满足读者阅读需求为方向：宝安区图书馆收藏服务区域内受读者欢迎的文献资源品种，保障弱势群体和特殊人群的基本文化服务权益，图书馆向他们提供弱势群体资源，如沙井体育运动特色馆藏和西乡家庭教育特色馆藏。

③以传承地域文化需求为方向：宝安区图书馆以地区整体发展及区域文化为导向，收藏能够凸显本地区文化、弘扬中国传统文化为主要内容的文献资源，如"沙井蚝"文化特色馆藏、福永"基围文化"特色馆藏。

④以宣传政策内容为方向：宝安区图书馆以政府政策内容为重点，宣传各类政策规定、法律文件、红色经典故事等社会价值导向性资源，如设立法律主题馆、红色文化主题馆等。

表 6-1 各街道分馆的特色馆藏重点

序号	馆名	特色馆藏建设方向	文献资源采购重点	可采的资源类型
1	福永街道分馆	航天航空	以航空航天相关文献为主，如航天气象、军事科普、新技术研究及应用等方面，其他科普	境内图书（含立体书）、报刊、音像、飞机模型展示品等
		岭南文化	与岭南文化有关的各类饮食、语言、旅游、建筑方面的文献	境内图书、音像画册、地方文化展示品
2	福海街道分馆	海洋文化	海洋保护、海洋产业、海洋生物、海洋经济等方面	境内图书、报刊、音像资源
		会展主题	会展策划、项目管理、会展设计与布置、会展经济、会展材料、会展信息技术、会展英语等方面	数字资源、境内图书
3	西乡街道分馆	生态环境	生态保护、生态景观、环境与环保、生态文明、生态经济学、生态农业、生态旅游等方面	境内图书、报刊、音像资源
		家庭教育	以家庭教育指导为主要入藏重点，收集家庭教育理论、学前教育、亲子教育、青春期孩子教育、家庭特殊教育等方面	境内图书、报刊、音像资源
4	新安街道分馆	中国传统文化	以国学经典为主，包括中国传统文化解读与鉴赏类，传统文化常识、教育、故事等	境内图书、报刊
		科技主题	新技术发展及应用	境内图书、新技术展示及体验平台

续表

序号	馆名	特色馆藏建设方向	文献资源采购重点	可采的资源类型
5	松岗街道分馆	家居主题	家居产品的设计和制造、家居搭配、建筑装修	境内图书、数字资源、报刊
		珠宝艺术	珠宝的设计、鉴赏鉴定、销售、制造等方面，侧重收集琥珀类	境内图书、报刊
6	燕罗街道分馆	红色文化及党建	红色书籍、党史书籍、爱国教育书籍	境内图书、数字及音像资源
		传统体育	含军事性、健身养生类、娱乐游戏性，如武术、射箭、摔跤、太极拳、健身操、广场舞、龙舟、秋千等	境内图书、报刊、音像资源
7	石岩街道分馆	旅游主题	旅游指南、旅游随笔、旅游攻略、户外探险、旅游地图、旅游摄影、旅游画册等	境内图书、报刊
		茶文化	与茶有关的各类文献，含茶道、茶经、茶文化、茶艺、茶的历史、茶的制作与使用等	境内图书、报刊
8	航城街道分馆	动植物	动植物有关文献，含科普认知与动植物保护等	境内图书、期刊、数字及音像资源
		工艺主题	工艺品制作、工艺美术、工艺设计、文创产品研发、室内装饰等与人们生活有关的文献	境内图书、期刊等

序号	馆名	特色馆藏建设方向	文献资源采购重点	可采的资源类型
9	新桥街道分馆	影视主题	影视产业、影视文化、影视鉴赏、影视剪辑制作、影视艺术、影视理论等,侧重粤剧、舞狮等具有岭南特色的文献	境内图书、数字及音像资源、报刊
		建筑主题	古墟古村落文化、古建筑图册、建筑修缮、建筑设计、建筑材料、建筑史与建筑保护、建筑工业等	境内图书、数字及音像资源、报刊
10	沙井街道分馆	饮食文化	饮食文化、饮食养生、饮食健康、饮食指导等,侧重与蚝有关文献的全品种收集	境内图书、数字资源、报刊
		现代体育	各项现代运动均可收集,重点为球类运动(足球、乒乓球)、户外运动(帐篷露营)	境内图书、数字及音像资源、报刊
11	1990分馆	非遗文化	收集宝安区已申报的国家级、省级、市级、区级各类非物质文化遗产有关的文献,含民间文学类、传统音乐类、传统舞蹈类、传统美术类、传统技艺类、传统医药类等,文献来源以征集为主,采购为辅	图书、图片、照片、展示品
		儿童阅读	与知名少儿读物出版社或书商联合,以少儿绘本、青少年读物为入藏重点,配合空间打造、读者活动收集展示中外文少儿绘本、青少年读物等文献	中外文图书、数字及音像资源、报刊

（3）建设步骤

特色馆藏文献资源需要时间的积累，并加以持续建设，才能具有区域特色。因此，宝安区图书馆基层分馆特色馆藏建设需要根据本区域总分馆建设方向合理规划，分启动期和建设期两个阶段。

启动期：宝安区图书馆确定各街道分馆特色馆藏建设方向、馆藏量、文献来源、文献类型及文献展示、流通要求等。如统一由采编部门负责验收入藏，确定各分馆特色馆藏标识，以免与其他馆混淆等。

建设期：采编部门制定各街道分馆特色资源采购计划，各街道分馆定期报送与征集，采编部门统一入藏。同时将特色空间、读者活动、馆藏展示相结合，展示宣传各街道分馆特色文献资源，实现特色馆藏建设的平稳运行。

2. 主题图书馆文献资源建设

"主题图书馆是通过特定领域的专藏和服务来满足人们对专类知识和新型需求的图书馆服务。"[①] 由于主题图书馆读者的需求相较普通图书馆更加具体和多元，为更好地帮助读者获取相关的文献资源及享受相应的读者服务，主题图书馆在文献资源建设的过程中，需要做好文献资源规划并制定相应的实践步骤，不断积累和完善资源数量、类型等，不能以资源馆藏量的多少为参考标准，而应当侧重文献的品质和类型，为读者提供纸质文献资源、图片、数字资源、特色数据库等多种服务。如宝安区图书馆的旅游生活馆馆藏图书以旅游生活类为主，在文献资源配置方面，也均围绕此主题进行文献采选。

---

① 应晖.主题图书馆的杭州模式[M].北京:国家图书馆出版社,2019:21.

第七章 "宝安模式"的业务保障

第一节 组织架构保障

为了更好地落实宝安区公共图书馆总分馆制建设系列方案，适应公共图书馆管理和服务工作新形势，推动全区公共图书馆事业发展，经充分调研和综合馆员意见，2018 年 5 月，宝安区图书馆对总分馆体系管理架构进行调整，实行以中心为单位的管理模式。全馆成立业务保障中心、读者服务中心、展览活动中心、分馆管理中心等四大中心，下辖部门和相应职责范围如下：

业务保障中心，设业务办公室、后勤部、采编部、技术部，这四个部门除原有总馆业务保障职能外，全面统筹全区公共图书馆行政、宣传、后勤、文献采编、技术支持和保障工作。

读者服务中心，设信息服务部、图书借阅部，负责统筹指导全区公共图书馆的读者服务、文献资源调拨、参考咨询、地方文献收集工作。

展览活动中心，设阅读推广部、青少服务部、城市规划展览部，统筹指导全区公共图书馆的阅读推广服务和文化志愿者工作，开展总馆读者活动，提供未成年人服务，招募文化志愿者，管理旅游图书馆，负责城市规划展览厅开放服务。

分馆管理中心，统筹全区公共图书馆总分馆建设和分馆管理工作，设事业发展部、各街道分馆、主题分馆。社区阅读中心按辖区分布归属到各街道分馆管理。事业发展部负责总分馆体系规划、建设、监管与协调工作。

2022 年初因机构改革，各中心的管理职责及管理范围略有调整，原总馆技术部、城市规划展览部独立，成为宝安区公共文化体育服务中心的两个部门。宝安区图书馆根据业务开展需求，不断优化内部部门设置，进一步厘清了机构改革后各中心各部门之间的关系。信息服务部更名为参考特藏部，职责不变，并入业务保障中心。青少服务部并入读者服务中心。图书借阅部分为流通服务部和书刊借阅部。

第二节 人力资源管理

一、总分馆模式下人力资源结构

1. 人员性质结构

宝安区图书馆体系人员构成复杂。截至 2022 年底，共有员工 252 人，其中职员 25 人，占员工总数的 9.9%；雇员 4 人，占员工总数的 1.6%；临时聘用人员 7 人，占员工总数的 2.8%；劳务派遣人员 216 人，占员工总数的 85.7%。

2. 人员年龄及性别结构

截至 2022 年底，员工平均年龄约为 34.9 岁，35 岁及以下人员数为 139 人，占员工总数的 55.2%；35—45 岁人员数为 88 人，占员工总数的 34.9%；46—55 岁人员数为 25 人，占员工总数的 9.9%。

女员工数为 207 人，占员工总数的 82.1%；男员工数为 45 人，占员工总数的 17.9%。女性员工占比较大，具有图书馆行业特征。

3. 人员学历结构

截至 2022 年底，硕士研究生学历员工数为 26 人，占员工总数的 10.3%；本科学历员工数为 108 人，占员工总数的 42.9%；大专学历员工数为 77 人，占全体员工总数的 30.5%；高中学历员工数为 41 人，占员工总数的 16.3%。

4. 人员专业结构

人员专业结构方面，截至 2022 年底，宝安区图书馆全体员工中，工商管理类专业背景的人数最多，共 47 人，占员工总数的 18.7%；排第二的是为外语及外国语言文学类，共 22 人，占员工总数的 8.7%；第三为公共管理类，共 19 人，占员工总数的 7.5%；第四为计算机类、教育类，各 10 人，各占员工总数的 4%；第五为图书情报与档案类，仅 9 人，占员工总数的 3.6%。馆内人员按其专业的二级学科分类，学科专业类别超过 10 人的仅四个专业，其他专业分布较散。

总分馆全体员工 252 人中有图书资料系列正高级研究馆员职称的 4 人，占员工总数的 1.6%；有图书资料系列副高级副研究馆员职称的 5 人，占员工总数的 2%；有图书资料系列中级馆员职称的 14 人，占员工总数的 5.6%；有图书资料系列初级助理馆员职称的 66 人，占员工总数的 26.2%；有图书资料系列员级管理员职称的 18 人，占员工总数的 7.1%；有其他系列职称或无职称的 145 人，占员工总数的 57.5 %，基本为劳务派遣人员。

二、人力资源统筹分类管理

宝安区图书馆对总分馆人员管理实行分类管理模式，分为职员、雇员、临时聘用人员及劳务派遣人员四类，其中前三类直接与宝安区图书馆签订合同，劳务派遣人员由第三方公司直接派遣，宝安区图书馆不与其直接签订劳务合同。

1. 职员、雇员管理

职员、雇员随着事业单位改革的进一步深化，已全部实行合同制管理。在馆工作未满十年的人员签订 3—5 年固定期限合同，在馆工作十年以上的人员则签订无固定期限合同直至退休。2014 年 10 月，国家对在编人员社会保险制度进行了改革，在编人员开始按国家新规定缴纳社保，2014 年 10 月之前退休的人员继续按原退休制度执行，2014 年 10 月前入编且 2014 年 10 月后退休的人员则给定一个视同缴费期和缴费期，退休后退休金核算取原退休制度和社保制度两者中间的高值，2014 年 10 月后入编的人员退休时退休金完全根据社保缴纳情况核算。

2. 临时聘用人员、劳务派遣人员管理

临时聘用人员及劳务派遣人员皆在总分馆体系范围内统一调配、统一管理。临时聘用人员根据深圳市相关规定，一旦离职则不再增加此类人员。劳务派遣人员是随着总分馆体系不断发展壮大，工作人员数量不能满足开放需求，由区相关机构批准的用工方式，至今已超过八年，先后合作过三个劳务派遣服务公司，已形成了相对完善的劳务派遣管理机制。

三、人力资源激励机制

宝安区图书馆实行人员分类管理的方式，因此人员的激励机制也是分类的，主要分为职员及雇员、临聘及劳务派遣人员两大类。

1. 职员及雇员的激励形式

职员及雇员的激励形式主要体现在专业技术职称的评聘上，宝安区图书馆制定有专门的《专业技术职称聘任办法》，从制度上保障所有职员及雇员专业技术职务的聘任。2018年起宝安区图书馆陆续接收街道分馆实行垂直管理，街道分馆处于起步期且远离城区，工作条件比不上总馆，为鼓励职雇员到分馆工作，宝安区图书馆制定了各项奖励政策，如通过职雇员工资中"奖励性绩效"部分的再分配，结合分馆的远近及工作难度，设置了不同等次的分馆补贴；同时在专业技术岗位的聘任办法中设置了专门的分馆工作加分项，加分值为总值的10%。这些举措大大提高了职（雇）员前往分馆工作的积极性，加快了总分馆一体化进程。

2. 临聘及劳务派遣人员奖励机制

为了解临聘及劳务派遣人员的工作情况，宝安区图书馆每年对其进行两次考核，年中一次，年末一次，考核分为三个步骤，首先是部门内部及部门主任的评价，其次是其他部门的评价，最后是分管领导的评价，三个步骤均由不同的分值组成，有利于对被考核人工作情况的全面评价。考核优秀的员工会多发放考核奖的30%作为奖励，以提高大家工作的积极性。此外，宝安区图书馆还制定有专门的《宝安区图书馆劳务派遣岗位级别调整办法》，为满足晋升条件且工作表现优秀的员工提供晋升机会，增加其工作稳定性。2023年，根据区人事部门有关规定调整，临聘员工及劳务派遣人员考核奖励转变为以自主考核方式为主。

第三节　新技术应用与系统支持

一、总分馆信息化建设发展规划

1. 规划目标

根据《宝安区公共图书馆总分馆制建设实施方案》《深圳市宝安区公共图书馆事业发展"十三五"规划》等文件要求，在宝安区公共图书馆总分馆体系下进行全区公共图书馆信息化统筹建设，打造便捷、智慧、高效服务的智慧图书馆集群，力争成为文化场馆智慧服务先行示范点，为新型智慧城市建设做出积极贡献。

2. 规划内容

按照合理规划、分步推进、统一管理的原则，宝安区图书馆总分馆信息化建设主要从以下三个方面开展：

（1）总分馆网络安全体系逐步完善：进行总分馆一张网设计，全区各级公共图书馆有机整合在同一网络内，可保障数据信息的传输稳定与传输安全，能满足图书馆现有业务，并兼容后续业务的可持续增长。

（2）总分馆信息化设备有序迭代：按照地市级公共图书馆评估标准进行信息化设备配置，根据设备购置时间、固定资产制度、设备使用情况制定旧设备的更替升级计划。充分关注新技术的发展，在合适的时机引入图书馆，丰富图书馆智慧服务体验，提升图书馆智能服务水平。

（3）总分馆信息化系统统一管理：对图书馆的业务流程、服务流程、现有系统进行梳理、整合、提升，建立一个具有统一入口、统一路径的智慧化管理与服务系统，对图书馆的人、物、数据进行有效管理，打通不同系统之间的数据壁垒，通过该系统开展绩效考核、决策监控、物资管理、人员管理等工作。

二、总分馆技术保障体系

1. 总馆技术保障模式

总馆的主要职责是开展全区公共图书馆信息化建设与安全管理的规划、建设及信息安全技术防护工作。为了达成这一目标，总馆建立了一支专业的技术团队，并引入第三方社会机构的维保服务作为补充，提供以下技术保障服务：总分馆机房及网络系统的建设及管理；网站主页及读者服务、业务办公等系统的正常运行；总分馆技术团队的建立、培训及技术支持；总馆信息化设备正常运转和信息安全保障；为成员馆建设提供技术指导；协助成员馆建立健全网络信息安全相关制度等。

2. 成员馆技术保障模式

为了保障体系各成员馆信息化设备正常运转及信息安全，总馆技术部建立相关技术保障制度，派专业技术人员定期巡检、维护设备；各街道分馆设置技术支持岗位处理辖区内成员馆技术问题。技术部设立技术支持 QQ 群、微信群，采用线上线下结合方式开展培训及技术答疑，提升成员馆馆员技术水平，形成总分馆技术保障联动机制。

三、总分馆网络架构

1.总分馆的 VPN 组网模式

采用 SD-WAN 组网方式打通总馆与街道分馆之间网络壁垒，形成总分馆局域网，在充分保障信息安全基础上为总分馆实现统一管理、资源共享提供网络支撑。总分馆各自拥有内外网双通道，便于满足业务管理和对外服务的不同网络需求。

加强总分馆的网络安全，包括总馆主干网的网络安全，辅以防火墙、IPS、漏洞扫描系统、负载均衡器、WAF、网络审计系统、网络流量控制设备，关键设备按照双机双备双链路思路部署。另外，基层服务点越来越多，技术力量相对薄弱，通过在服务点安装审计设备，未来还可以通过部署统一的网络版杀毒软件或者网管软件，统一管理全区终端电脑及设备，对成员馆的信息安全起到一定的防护作用。

2.应用系统与资源共建共享模式

在总分馆网络架构下，宝安区图书馆目前逐步实现"智慧服务与智慧管理平台"大系统，大系统框架下对外提供活动预约、数字资源和地方文献使用等服务，对内提供数据填报、决策分析、数据展示等功能。依托于总分馆网络框架，大系统面向总分馆读者实现信息与资源共享，面向馆员实现资源共建、协同管理，充分利用网络的便捷性降低总分馆物理距离带来的影响。

四、总分馆智慧管理与智慧应用

1.智能分拣平台

作为宝安区公共图书馆总分馆体系中的总馆，宝安区图书馆实行藏、借、阅合一的管理模式，月均外借图书量最高峰达到 15 万余册次，并在不断增长中，人工分拣任务繁重。为了缓解这一问题，总馆引入"慧还书"智能分拣平台，成为全国首家将机器人应用于图书分拣业务的公共图书馆。平台共设置 4 个读者还书口，1 个馆员还书口，28 个分拣机器人，4 个搬运机器人，可实现图书 30 个类别的细化分拣。5 个还书口满负荷同时运转最大还书量为 2000 册/

小时,基本能满足总馆目前的还书需求,平台考虑到未来的业务发展和需求深化,预留了扩展和软件接口。

智慧分拣平台大大提高了图书分拣效率,经测试,平台机器人分拣效率是传统人工分拣效率的 6 倍以上,可提供还书、分拣、搬运全自动化无接触式服务。平台地点设在总馆北大堂,为来馆参观及阅览读者的主出入口,该平台对外开放后,受到广大媒体及同行的关注,吸引许多市民读者的围观与体验,成为一个科普教育宣传和展示宝安科技创新成果的窗口。

2.网站及智慧墙

宝安区图书馆网站在全区公共图书馆总分馆体系框架下不断延展服务边界,整合活动预约系统、数字资源、"书视借"等,向读者提供书目检索、信息获取、线上选书、预约活动、地方文献利用等一站式服务,读者可以通过网站了解全区公共图书馆总分馆体系服务内容并及时得到咨询回复。

总分馆智慧墙总馆与分馆模板不一,展示重点不同。总馆重点展示全区公共图书馆服务数据及总馆热力图,辅以展示全区活动及图书资源,侧重向读者展示全区公共图书馆服务情况;而分馆侧重向读者展示该图书馆客流情况,并在人员过于拥挤的情况下作为限流的数据依据。智慧墙深挖总分馆业务数据、客流数据、图书资源、活动资源,以"一面墙"的形式向读者智慧展现宝安区公共图书馆服务大数据。

3.5G 的场景应用

5G 的高速率、大容量、低时延特性将会对图书馆服务带来突破性影响。随着 5G 建设加速,基础条件已基本满足,5G 场景应用不断增多。5G 时代的发展,将助力数字阅读的推广,将数字阅读推到全新的高度,这对图书馆来说是一种机遇,也是一种挑战。

宝安区图书馆"直播、VR 服务 5G+ 试点应用工作"项目是在 5G+ 图书馆应用方面的初次尝试,该项目包括了 5G+VR 直播,以线上直播的方式推广阅读,打破总分馆场馆限制,让读者随时随地享受图书馆文化大餐。

4.未来应用场景探索

(1)区块链应用:基于交易支付、存证溯源以及数据索引等三个基本应用点的场景开发,宝安区图书馆将区块链技术与大数据、人工智能技术结合起来,探索区块链技术在公共图书馆总分馆体系的应用场景。

（2）机器人架位管理：宝安区图书馆探索运用机器人实现图书馆上架、排架等架位管理功能，利用机器减轻此类烦琐的体力劳动。

（3）读者画像服务：通过人脸识别和大数据技术，未来可实现读者从入馆开始进行精确识别、数据采集及调用、人员动线追踪，并在读者借书、咨询、查询等一系列与图书馆发生关联行动时，根据读者以往行为计算，主动推送信息服务。

第四节　总分馆体系的安全防控

一、总分馆安全生产防控体系

1.安全生产防控工作机制

宝安区公共图书馆总分馆体系安全生产工作坚持"安全第一、预防为主、综合治理"的方针，强化和落实区内公共图书馆总分馆体系各成员馆、各部门管辖区域及业务范围的主体责任，建立分管责任人负责、员工参与、政府主管部门监管、行业自律和社会监督相结合的机制。

（1）总馆馆长安全职责

组织建立安全生产责任制。保证国家及图书馆相关安全生产法规和规章制度在区内公共图书馆总分馆体系贯彻执行，保证本单位安全生产投入的有效实施；组织制订安全生产管理制度、安全技术操作规程、安全技术措施计划及事故应急救援预案；定期或不定期召开安全会议，就重大安全事务进行讨论或决策；向上级主管部门安全生产第一责任人报告安全生产工作情况，总结经验，落实安全防范措施，并针对存在问题，提出整改方案。

（2）分馆馆长和总馆各部门主任安全职责

在各自管辖的职责范围内，对安全生产负责；制订和完善各项规章制度；督促、检查管辖范围内的安全生产工作，及时消除生产安全事故隐患；定期以各种方式听取员工和物业公司的建议、意见，定期向总馆馆长汇报。

（3）各成员馆后勤和物业管理公司安全职责

各成员馆后勤部门执行各项安全生产制度，落实安全生产操作规程和生产安全事故应急救援预案；组织预案的培训、学习、演练；及时排查、消除事故隐患，定期召开安全会议。各成员馆物业管理公司对管理现场和建筑物、配电、消防、安防、停车场设备及特种设备进行维护保养，保证安全运转。按计划对馆内进行日检、周检、月检和重大节日前安全检查，组织每年两次消防、防恐安全演练。发生紧急情况和安全事故时，各成员馆后勤部门及物业管理公司应及时向主管领导和安全生产部门报告，并协助领导和安全生产部门进行事故登记、调查、分析处理工作。

（4）全体员工安全职责

遵守劳动纪律，严格执行安全操作规程，听从上级指挥，杜绝与自觉抵制一切违章作业行为。保证本岗位工作地点、设备、设施、工具的安全整洁。学习安全知识，及时向上级反映安全隐患情况，在保障个人人身安全的前提下积极参加事故抢救工作。

（5）安全生产防控工作流程

总馆及各成员馆安全生产防控工作流程如图7-1：

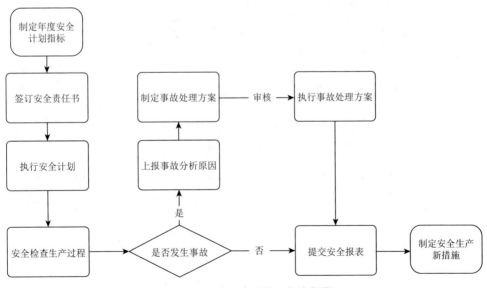

图7-1　安全生产防控工作流程图

2. 安全生产防控工作成效

宝安区图书馆深入贯彻落实《中华人民共和国安全生产法》，加强基础管理工作，进一步规范安全生产管理制度。各项安全生产工作稳步推进，层层落实，实现了安全生产的"六个零"。安全防控工作内容如下：

（1）修正完善安全生产责任制度，强化领导责任，强化安全检查，强化安全奖惩。落实各级各类人员安全生产责任制，为建立安全生产长效机制奠定基础。

（2）"以人为本"，加大安全生产培训力度。多层次多形式全方位开展《中华人民共和国安全生产法》知识普及、实践能力提升活动，使全体馆员树立正确的安全价值观。

（3）做好安全生产工作经验总结与反思，及时查漏补缺，确保区内公共图书馆总分馆体系各项安全生产工作稳步有序开展。

二、总分馆信息安全防控体系

1. 总分馆体系的信息安全管理架构

由总馆分管信息技术的副馆长牵头，联络总馆各部门、各街道分馆责任人，成立信息安全跨部门工作小组，其架构如下：

组　长：图书馆副馆长

副组长：总馆各部门主任及各街道分馆馆长

组　员：总馆各部门及各街道分馆技术岗同事、信息技术部图书馆组人员

技术顾问：签约负责图书馆安全信息咨询的公司

在图书馆业务系统运行及设施设备使用管理过程中，宝安区图书馆实施一岗双责、属地管理制度，总馆各部门、各街道分馆负责人及技术岗同事需切实担负起网络与信息安全的责任。

2. 信息安全管理规定

（1）总则

依据《关于印发深圳市电子政务信息安全管理试行办法的通知》（深府办〔2013〕23号），信息安全工作按照"谁主管谁负责、谁运行谁负责、谁使用谁负责"的原则进行管理，网站信息发布遵循"谁公开、谁审查、谁负责"的原则，确保网站内容不涉密，网站内容发布保密审查工作不得以任何形式外包。

依据《深圳市公安局关于加强非经营性公共上网服务场所网络安全管理工作的通告》（深公通〔2007〕4号），宝安区图书馆总馆及各街道分馆、主题分馆、社区阅读中心及服务点分别作为一个单独的非经营性公共上网服务场所，签订信息安全责任书，负责管辖区域内设备使用及风险管理、人员信息系统账号安全、对外发布信息安全等。各部门、各成员馆在系统及设备日常运行使用中，切实担负起信息安全的责任。

（2）责任划分

总馆馆长是图书馆信息安全第一责任人，负责建设和完善总分馆信息安全组织体系，检查指导各成员馆的信息安全工作，协调处理信息安全重大问题。

总馆各部门对管辖范围内的设备及软件系统使用进行管理，管理和约束读者合理合规使用网络及设备。

各街道分馆、主题分馆建立符合本馆情况的信息安全规章制度及应急预案，并且指定信息安全专员，完善网络安全事故应急处理机制，管理和约束读者合理合规使用网络及设备，针对不同类型划定进一步细化安全责任。

3. 信息安全防控

（1）信息安全应急预案

宝安区图书馆通过建立总分馆突发事件应急工作体系，健全对突发事件的预防、处置、善后等工作机制，提高应对网络与信息安全突发事件的能力和水平，预防、减少网络与信息安全突发事件对总分馆服务造成的损失和危害。

依据《国家网络与信息安全事件应急预案》《广东省网络与信息安全事件应急预案》《深圳市突发事件总体应急预案》等相关规定，按照统一指挥、分级负责的原则，由信息技术部、总馆各部门、各街道分馆信息安全联络人共同组成信息安全应急处置专业技术组，充分协调总馆各部门及各分馆，调动签约的运维服务公司、信息安全服务公司等各方面的资源，共同做好宝安区公共图书馆总分馆体系网络与信息安全突发事件的预防和处置工作。

信息安全应急预案的主要内容有：

①监测与预警：定期开展风险评估及重要基础网络与信息系统检查，了解掌握管辖范围内重要基础网络与信息系统的风险现状，加强风险管理，提高重要基础网络与信息系统抗风险能力。通过防火墙设备、审计设备、上网行为管理设备等，对馆内网络设备进行实时监控，如发现无法正常访问、出

现网络攻击等问题，将自动发送预警邮件给网络与信息安全应急处置专业技术队伍组长。

②应急响应：发生网络与信息安全突发事件后，网络与信息安全应急处置专业技术队伍必须立即实施先期处置，控制事件进一步发展。首先，快速判断事件危害程度、波及的范围等，若发现事件严重，应立即上报区信息中心，同时做好事件发生、发展、处置的记录和证据留存，为事件调查、处理提供证据；然后，根据网络安全事件的分级分类状况进行分级响应，应急响应过程中，事发单位应密切关注突发事件事态发展和响应工作进展情况，根据事态变化和响应效果适时调整响应级别。超出自身应急处置能力的，应及时报告上一级部门，建议变更响应级别，开展相关处置工作。

③后期处置：网络与信息安全突发事件应急任务结束后，网络与信息安全应急处置专业技术队伍、事发单位应做好事件中基础网络与信息系统、网络设施损失情况的统计、汇总及任务完成情况的总结汇报，不断改进信息安全突发事件应急管理工作。

（2）信息安全技术服务

为提高公共图书馆总分馆体系信息安全防控水平，宝安区图书馆特聘请专业信息安全服务公司进行网络安全保障服务。服务内容包括：

①每季度进行主机层漏洞扫描和安全设备查看；

②每月进行应用层漏洞扫描；

③每月对各信息系统进行渗透测试；

④每年至少提供一次信息安全培训；

⑤对现有已经定级备案的信息系统开展风险评估工作，输出风险评估工作方案、风险评估工作计划、风险评估报告、风险评估总结等文档；

⑥对出现的信息安全可疑故障或事件提供 7×24 小时应急响应技术支持服务，协助分析事件、对存在的安全风险提供整改建议。

（3）网络安全等级保护

《中华人民共和国网络安全法》第二十一条规定：国家实行网络安全等级保护制度。网络运营者应当按照网络安全等级保护制度的要求，履行安全保护义务，保障网络免受干扰、破坏或者未经授权的访问，防止网络数据泄露或者被窃取、篡改。

依据《信息系统安全等级保护定级指南》并经相关部门审核批准，宝安区图书馆网站2019年2月被定级为二级。通过测评整改，降低了系统的信息安全风险，提高了信息系统的安全防护能力，标志着宝安区图书馆在网络攻击防范、内部系统和制度的完善、用户隐私保护、资金安全漏洞修复等方面的能力全面升级，为保障用户信息安全筑起了一道坚实的高墙。

（4）安装安全设备

安装防火墙，帮助计算机网络于其内、外网之间构建一道相对隔绝的保护屏障，以保护用户资料与信息安全，及时发现并处理计算机网络运行时可能存在的安全风险、数据传输等问题。

安装审计设备，对网络进行动态实时监控，不但能够监视和控制来自外部的入侵，还能够监视来自内部人员的违规操作和破坏行为，从而记录网络上发生的一切，为用户提供取证手段。

部署云WAF防护，对网站的业务流量进行恶意特征识别及防护，避免网站服务器被恶意入侵，保障业务的核心数据安全，解决因恶意攻击导致的服务器性能异常问题。

（5）信息安全培训

宝安区公共图书馆总分馆体系每年组织两场信息安全培训，提高全体员工的信息安全意识。针对总馆各部门及各分馆信息安全专员，组织信息安全方面的专业培训，丰富他们的信息安全知识，提高他们的信息安全防护水平与能力。

4. 信息安全检查

（1）定期自查

为加强总分馆网络与信息安全，宝安区公共图书馆体系定期对各馆办公终端、服务终端、服务器、安全设备、信息系统等进行自查。针对不同类型的设备，制定不同的自查清单及操作指引，指导员工自行检查和整改。自查内容主要包括：病毒查杀、系统补丁、用户账户与口令安全、服务优化、安全防护、信息审核等几个方面。

（2）根据漏洞预警进行自检

区信息中心统一监测全区各单位操作系统及中间件的漏洞，并对当前流行的病毒进行预警，宝安区图书馆收到预警通知后，会严格按照预警指示进行排查，发现漏洞及时修复。

宝安区图书馆签约的信息安全服务公司每月对信息系统进行漏洞扫描，每个季度进行渗透测试和主机扫描，发现问题及时解决，确保信息系统与主机安全。

（3）专项检查

在春节、国庆等重大节假日前，总分馆制定节假日信息安全24小时排班表，组织进行全馆信息安全大排查，在节假日期间，加强体系成员馆信息安全巡视及巡检，确保总分馆信息安全。

三、总分馆意识形态安全防控体系

1. 意识形态安全工作分类及责任部门

宝安区图书馆高度重视意识形态安全工作，制定了《宝安区图书馆安全生产责任制度》，根据业务特点将图书馆意识形态安全工作分为读者活动意识形态安全、馆藏及捐赠文献意识形态安全和对外宣传意识形态安全，涵盖了图书馆开展业务的各方面，总馆业务办公室为总分馆意识形态安全管理责任部门，并将三方面意识形态安全工作分配到责任部门及分馆。

（1）读者活动意识形态安全。由总馆阅读推广部统筹、汇总各部门（分馆）开展的活动形式、活动内容、外请人员和活动宣传等进行预先审查、全程监管，确保活动全过程的意识形态安全。严格执行活动外请人员审查备案制度，根据活动外请人员具体情况，由活动开展部门（分馆）报公安部门或宣传部门审查备案，通过相关部门审查备案后再组织开展。

（2）馆藏及捐赠文献意识形态安全。杜绝非法传播，避免非正规出版社图书、非法书籍、邪教宣传图书等在总分馆出现，严格对采购文献、捐赠图书的内容进行审查。总馆采编部负责对馆藏文献资源采购渠道和供应商资质进行审查，对馆藏文献资源内容的意识形态安全负责。总馆参考特藏部、流通服务部以及各分馆负责对捐赠文献内容进行审查，拒绝接收非正规出版社图书、非法书籍、邪教宣传图书等文献。

（3）宣传意识形态安全。总馆业务办公室负责总馆宣传意识形态工作，并对各部门、分馆宣传意识形态工作进行指导。场馆内外、网站、微博、微信等对外宣传信息发布遵循"谁公开、谁审查、谁负责"的原则，总馆各部门、各分馆应对本部门（分馆）对外发布的图文宣传信息意识形态安全负责。

2. 意识形态防控工作机制

随着制度的日益完善，以及宝安区图书馆垂直管理总分馆建设稳步推进，宝安区图书馆意识形态防控工作机制日渐成熟，形成以总馆业务办公室为总分馆意识形态安全管理责任部门，总馆各部门、各成员馆为具体责任部门的意识形态垂直管理网络。办公室统筹落实总分馆意识形态安全规划、建设、培训及各类意识形态安全的监督、指导工作；各部门、各成员馆负责具体执行、实时反馈意识形态工作情况。

该工作机制有以下亮点：

（1）立足总馆、统筹全区。宝安区公共图书馆意识形态安全工作依托公共图书馆总分馆垂直管理模式，以总馆为核心，各街道分馆、主题分馆、社区阅读中心及服务点为节点，形成了全区公共图书馆意识形态安全工作联动网络体系。总分馆读者活动意识形态安全审查，由总馆阅读推广部汇总，对各部门、各成员馆举办的读者活动进行预先审查、全程监管，保证了全区公共图书馆读者活动意识形态的安全。另外，总馆采编部负责对全区公共图书馆采购文献、捐赠图书的内容进行审查，符合要求才入藏，并配送至各部门、各成员馆，确保入藏图书的意识形态安全。宣传方面，由总馆业务办公室负责宣传意识形态工作，定期收集各部门、各成员馆宣传信息，并进行审核发布，另外，各部门、成员馆亦对在网站等平台发布的信息进行自查。由总馆统筹的意识形态安全工作，充分发挥了总馆业务能力、协调能力，确保了各部门、各成员馆的意识形态安全工作。

（2）建立重点防控点。重点落实对宝安区图书馆网站、微信、微博等线上信息发布渠道的管理，严格执行内容审核制度，防止内容发布不符合法律法规规定。

（3）实行一岗双责。即一个业务岗位既是该业务岗位的负责人，亦是该岗位的安全责任人，实现岗位责任安全到人的机制。同时，总馆分管副馆长应对分管工作及相应的意识形态工作负双重责任。各部门主任、各分馆馆长应对所管辖区域、承担工作及相应的意识形态工作负双重责任。其中各项意识形态安全工作，牵头部门（分馆）的分管副馆长为直接责任领导，相关部门主任、分馆馆长为直接责任人。

（4）全员防控。各成员馆总分馆体系意识形态防控工作实行全员防控，即要求每位馆员、物业员工必须熟悉图书馆业务，将意识形态安全工作牢记于心，在开展各项日常服务和读者活动中，随时关注意识形态安全，发现意识形态安全风险点及时向主管部门反馈，并迅速消除意识形态安全隐患，确保图书馆工作安全运行。

（5）定期及随时巡查整改。宝安区公共图书馆总分馆体系每年定期进行两次全区公共图书馆意识形态安全大排查活动，发现并及时解决意识形态安全隐患，并要求各业务部门要重视意识形态安全工作，从源头上杜绝意识形态风险的出现。

3. 意识形态安全工作成效

自1983年建馆以来，在不断变化的外部环境下，宝安区图书馆一直将意识形态安全工作摆在重要位置，在确保业务正常有序开展的同时，也保证了读者活动、文献捐赠活动以及宣传工作等方面的意识形态安全。

随着公共图书馆总分馆制的深入推进，意识形态工作也逐步制度化和常态化，相关规章制度不断完善，在原有的工作方案及制度基础上，于2020年4月印发《宝安区图书馆安全生产责任制度》，规定了意识形态防控工作面向全区公共图书馆展开，意识形态防控网络逐步形成，有效满足了新时代意识形态工作的要求。

随着二十大的召开，宝安区公共图书馆着力落实党在新形势下意识形态工作的新要求，每位馆员将防控理念和意识牢记于心，确保各项工作有序开展，宝安区公共图书馆总分馆体系为"双区"（即粤港澳大湾区和中国特色社会主义先行示范区）建设做出积极贡献。

第八章 "宝安模式"的监管与考评机制

第一节 理事会和学会在总分馆体系中的作用

一、理事会在总分馆体系中的作用

1. 理事会成立背景

建立以理事会为核心的事业单位法人治理结构是事业单位改革的重要环节。公共图书馆作为财政全额投资兴建的服务性事业单位，如何改变过去传统的行政化管理模式，引入社会各界参与管理机制，建立公共文化服务共同治理结构，使公共图书馆真正回归公共服务本色，已成为新形势下公共图书馆必须认真研究的问题。2007 年 10 月，深圳市委、市政府发布《建立和完善事业单位法人治理结构的实施意见》（深办发〔2007〕17 号），深圳市图书馆作为全国第一批试点单位，已完成法人治理的第一步——组建深圳市图书馆理事会，引入了社会参与及监督机制，这为宝安区公共图书馆建立以理事会为核心的法人治理结构提供了可借鉴的成功经验。

2. 第一届理事会成立及运行情况

为深入推进文化体制改革，建立公共文化服务共同治理结构，促使公共图书馆向独立运作、自我发展、自我约束、自我管理的现代运行新模式转变，最终建立以理事会为核心的事业单位法人治理结构，在宝安区文体旅游局的指导下，宝安区图书馆于 2013 年 7 月 24 日成立了"宝安区图书馆理事会"（以下简称"理事会"），引入社会各界共同参与宝安区图书馆管理的新机制，有利于提升公众在文化建设上的参与度。

第一届理事会由 15 名理事组成，理事成员分别来自政府部门以及图书情报、文学艺术、科技和教育等不同行业。第一次会议审议通过了《宝安区图书馆理事会章程》（以下简称《理事会章程》）及《信息公开制度》和《年度报告制度》两个法人治理配套制度。按照《理事会章程》规定，理事会是宝安区图书馆的议事和咨询机构，负责审议宝安区图书馆的发展战略和发展规划，行使宝安区图书馆重大事项议事权和咨询权，发挥咨询与监督功能。理事会对宝安区文体旅游局负责。自成立后，第一届理事会召开了三次工作会议。宝安区图书馆向理事会提交本年度工作总结及下一年度工作思路、本年度服务数据统计资料、本年度公共服务经费使用情况，并接受理事会审议。

第一届理事会为宝安区图书馆新馆的前期开馆筹备及馆内各楼层功能区域布局设计、宝安区公共图书馆馆藏资源建设及服务体系建设等重点工作提出了很多宝贵意见和建议，为宝安区图书馆各项工作顺利推进提供了有效的支持。

3. 第二届理事会运行情况

2018年底，宝安区图书馆理事会启动理事会换届改选工作，并于2019年1月18日进行了换届选举，组建了第二届理事会。第二届理事会重点围绕2019年宝安区图书馆"两个一"工作目标，即"织好全区公共图书馆服务体系一张网、提升'宝图星期讲座'一个活动品牌知名度"，开展重大事项的咨询和监督工作。理事会会议审议了宝安区公共图书馆总分馆制信息化发展规划、2019年馆藏资源规划等议题，为街道图书馆垂直管理、"图书馆+"合作办馆、提高基层图书馆服务效益、全方位开展阅读推广活动等工作提供专业指导意见。

2020年，宝安区图书馆第二届理事会克服新冠疫情影响，通过线上线下等方式召开相关会议，并加强业务指导，积极开展相关工作。一是疫情防控期间召开线上会议，理事会听取区图书馆防疫工作情况，并对区图书馆恢复开放和服务工作提出意见建议。二是指导组稿小组开展《宝安区图书馆章程》和《宝安区图书馆理事会章程》（以下简称"两个章程"）的修订工作。2020年4月23日，理事会成立组稿小组，以吴晞理事为顾问，由秘书长担任组长，3名馆员作为组员，开展"两个章程"的修订工作。组稿小组在吴晞理事的指导下，参考先进省、市图书馆及法人治理结构工作的成熟经验，结合宝安区图书馆垂直总分馆管理模式的业务实际，对原"两个章程"在体例逻辑上进行了优化调整，在具体内容上进行了充实和完善，经3次修改后形成了最终送审稿，提交理事会审议。三是2020年7月24日第二届理事会第二次会议召开，会议听取宝安区图书馆 2020 年上半年工作报告和下半年工作计划，审议并通过《宝安区图书馆章程（修订稿）》《宝安区图书馆理事会章程（修订稿）》《文献资源建设委员会组建实施方案》《阅读推广指导委员会组建实施方案》和《绩效评估委员会组建实施方案》。

4.理事会对总分馆体系的支撑作用

理事会自成立以来，严格按照《理事会章程》及两个配套制度投入运作。理事会作为宝安区图书馆的议事咨询机构，负责审议区图书馆的发展战略和发展规划，行使区图书馆重大事项议事权和咨询权，发挥咨询与监督功能。为提高各理事之间沟通交流和信息共享效率，理事会搭建了网络信息沟通和反馈平台，以 QQ 群、微信讨论组和电子邮件等渠道互通信息，建立日常工作沟通机制，协助理事们有效履行咨询与监督职责。

两届理事会跨越 8 年，共同为宝安区公共图书馆总分馆事业发展、特色功能发展和文体旅融合发展等工作提供了多项建设性意见。例如，对于宝安区图书馆老馆升级改造为 1990 分馆后的功能定位，理事会提出，宝安区图书馆 1990 分馆应与相邻的宝安区科技馆协同创新，优势互补，形成良性互动，共同做好青少年科普建设教育工作，打造深圳西部青少年科普教育与活动新高地，形成青少年文化科技教育新亮点与新特色，与此同时，1990 分馆的建设应考虑为少儿与老年人群体提供更便利的服务，合理协调未成年与成年人服务占比；在特色馆藏建设方面，理事会提出，要强化地方文献资源建设，加快推进康熙版、嘉庆版《新安县志》高仿本引进工作，形成具有一定规模的特色馆藏；在图书馆的区域定位上，理事会提出，宝安区图书馆作为重要的文化阵地，要提高站位，面向粤港澳大湾区乃至面向国际展示宝安区的经济、文化、历史与城市发展脉络。

随着宝安区公共文化体育事业单位改革，2021 年 4 月，原宝安区图书馆与原宝安公共文化服务中心、原宝安区体育中心合并为宝安区公共文化体育服务中心，图书馆由六级（副处级）独立法人单位调整为宝安区公共文化体育服务中心下辖的分支机构，不再具有独立法人地位。下一步由宝安区公共文化体育服务中心统筹组建文体旅大事业板块的理事会制度，继续推进宝安区文化、体育、旅游事业向前发展。

二、学会在总分馆体系中的作用

1. 学会成立背景

深圳市宝安区图书馆学会（以下简称"学会"）是全省首家区级图书馆学会，是具有地区性、公益性、学术性和非营利性的群众组织，由宝安区图书馆和9位发起人于2016年共同发起筹建，2017年1月25日依法登记成立。学会旨在团结和组织全区图书馆从业人员，积极开展业界学术研讨和交流活动，维护会员和本行业的合法权益，为宝安区图书馆事业的繁荣和发展作出贡献。

所有从事图书馆工作的单位、个人，以及有志于推动宝安区图书馆事业发展的社会人士均可自愿申请加入学会成为会员。截至2022年底，共计已入会个人会员197名，单位会员5个。

2. 学会的组织架构和运行机制

学会挂靠宝安区图书馆，接受社会组织主管单位宝安区民政局、业务主管单位宝安区文化广电旅游体育局的管理，并接受深圳图书情报学会和宝安区科学技术学会的业务指导。

学会的最高权力机构是会员代表大会，学会理事会是会员代表大会的执行机构，对会员代表大会负责。根据《深圳市宝安区图书馆学会章程》，会员代表大会每届任期三年，历届学会理事会成员由来自区图书馆以及街道、社区、企业、教育卫生系统等方面代表组成。2022年11月起，由第三届理事会领导开展学会工作。秘书处是学会的常设办事机构，负责跟进处理学会的日常工作和各项事务。

学会下设两个专业委员会，分别是阅读推广委员会和学术交流委员会，于2017年6月经理事会通过后正式成立。两个专业委员会成立后，分别根据业务发展需要组建团队，并积极打造各自的品牌活动，实现了学术交流与阅读推广齐头并进，为行业发展创造了良好局面。

3. 学会对总分馆体系的支撑作用

（1）聚焦事业发展，搭建行业信息交流平台

学会定期收集中国图书馆学会、广东图书馆学会、深圳图书情报学会等组织的相关信息，为会员推送业界动态、国内外图书馆业务案例、权威书单、人

员培训等方面信息；搭建行业交流平台，与各级行业学会联合互动，如与深圳图书情报学会共同组织宝安区公共图书馆紧密型垂直总分馆制研讨会，编印《中华人民共和国公共图书馆法》《中华人民共和国公共文化服务保障法》宣传海报，编制学会会刊、《宝安图书馆年度阅读报告》及《书香宝安：总分馆成员馆地图》等，加大体系宣传力度；号召学会会员参加行业内各项评比活动，提高学会会员的行业认知度和个人专业素养，助力提升总分馆业务水平。

（2）整合社会资源，推进"图书馆＋"成员馆建设

在全区公共图书馆总分馆制落实进程中，宝安区图书馆学会广泛吸收街道、社区、企业单位、各类读书组织文化工作者为会员，并充分发挥桥梁纽带作用，与社会各界广泛合作，共建基层馆，整合基层资源和基层会员资讯，与区内各单位、企业、园区、学校等主体合作，以"图书馆＋"多元共建模式推动宝安区公共图书馆总分馆体系建设与完善。2021 年，学会邀请专家为"图书馆＋公园"的 7 家特色基层馆题字绘画，打造宝安区"图书馆＋公园"特色原创图画 IP，原创推文《藏不住了！网红公园里的图书馆"七公主"》在"宝安图书馆"公众号上推送，收获 1.4 万次阅览量，并有近百人参与留言区互动，宣传成效良好，宝安区"图书馆＋公园"建设模式成功获得市民读者广泛认可。

（3）统筹开展培训学习，提高从业人员专业素养

为了充分发挥宝安区图书馆的龙头优势，学会以区图书馆为学习交流基地，每季度开展全区公共图书馆馆员业务培训，邀请李国新、柯平、邱冠华、屈义华等国内图书馆业界知名专家授课，内容涉及行业发展趋势、新技术应用、政策法规等。此外，学会每年开展"基层图书馆领读人培育"项目，为基层馆员提供阅读推广课程，从行业理论、案例分享和具体实操多方面对基层馆员开展培训，切实提升从业人员专业技术水平及全区图书馆整体服务水平。

（4）发挥专业委员会作用，联动总分馆积极开展业务

学会充分发挥阅读推广委员会和学术交流委员会的专业优势，广泛开展全区性联动活动，成效显著。学会成立以来，策划开展"宝安区科普阅读月"主题活动、"未来宝安"科普漫画创意大赛及获奖漫画作品展览、"悦读·记忆——这就是二十四节气"、"读百科·看世界"等系列阅读推广活动，并统筹联动区内多家成员馆开展"4·23 世界读书日""粤港澳共读半小时""图书

馆服务宣传周""深圳读书月""阅在深秋"等年度品牌活动。从方案制定、人员培训、物料配备到宣传统筹等方面入手，学会全方位为成员馆开展大型联动活动保驾护航。

4.学会未来工作思考

学会目前各项工作主要围绕宝安区范围内图书馆的建设和业务提升来开展，仍缺乏自主创新能力，无法发挥在行业中的引领和示范作用，亟须重新认识和准确把握图书馆行业发展面临的新环境、新变化和新趋势，科学制定未来发展计划。学会将做到以下几点：一是持续关注并推送行业发展前沿动态，组织跨区域学会活动，加强新环境下图书馆学基础理论研究和培训，活跃学术思想，增加交流渠道，指导创新实践。二是推动宝安区图书馆事业"走出去"，总结提炼宝安区公共图书馆总分馆制度建设的经验、案例和品牌，利用各级学会、会议、论坛、专业刊物等各类平台、传播途径和宣传方法，讲好"宝安模式"的故事。三是推动学会工作精细化、多元化、体系化发展，研究增设专业委员会，细化阅读推广、学术研究、基层馆建设、未成年人服务、智慧图书馆探索等工作重点，加大服务指南、规范、标准等编印力度，指导具体业务开展方向。四是加强行业指标制定研究，依托行业统计数据和科研成果，指导全区图书馆行业实现高质量发展，将学会建成具有自主发展力、学术引领力、行业协调力和社会公信力的区域性行业组织。

第二节　总分馆体系的业务统计与分析

依托深圳市图书馆之城中心管理系统与深圳市公共文化数据统计系统，宝安区图书馆总馆作为统计中心，街道分馆、主题分馆、社区阅读中心及图书服务点作为统计节点，构成三级统计网络，为宝安区公共图书馆的决策管理与发展规划提供有效支撑。

一、业务统计的规范化

1.统计周期

公共图书馆总分馆体系对于整体的业务数据统计，主要设定了三类周期报表，分别为：月报，次月的第三周前填报；季报，下一季度首月的第三周前填报；年报，次年首月的第三周前填报。若有特殊情况，则会另行约定具体的填报时间。为保证数据的时效性，一般情况下，当前周期的报表应在下一周期的第三周前完成。

各类周期报表的统计范围具有差异性，主要体现在上报层级的区别。通过逐层上报，月报须从总馆各部门、各成员馆上报至总馆，用于及时掌握每月各项业务的开展情况，并供季报数据复核参考；季报和年报须从总馆各部门、各成员馆上报至总馆，由总馆汇总复核，通过深圳市公共文化数据统计系统填报，再经由区级文化行政部门、市级图书馆、市文化广电旅游体育局等逐级向上报送。

2. 统计人员

全区公共图书馆划分为总馆、街道分馆、主题分馆、社区馆（含社区阅读中心和图书服务点）等四个统计层级，每个成员馆设有至少1名统计员，全区公共图书馆统计员组建成统计队伍。截至2022年12月，全区公共图书馆统计员共128名。每名统计员通过工作群组进行业务交流与联络，并不定期参加数据统计工作研讨会。

总馆统计人员作为统计队伍的中心，既是"统计员"，又是"审核员"，发挥着业务指导和工作统筹的作用，推动统计工作顺利开展。总馆设置专职统计员，并集中安排到业务办公室进行统筹，各部门分设统计员，确保统计职责落实到个人。一方面，统计员来自总馆各部门、各成员馆的核心岗位，大部分为业务骨干，熟悉图书馆业务和统计工作流程。另一方面，核心统计员具有较为丰富的统计工作经验，能熟练使用统计系统，掌握一定的图书馆学知识、信息处理和网络运用技能。因此，统计人员综合素质较高，保障了统计数据的准确、可靠。

按业务统计内容的不同，统计员可分为馆藏文献、借阅流通、读者信息、阅读推广、参考咨询、网络资源、媒体资源、人力资源、财务经费、设施设备等10个主要种类。各类统计员具有不同的职责范围，在统计任务、统计路径、工作流程等方面均有明确规定，详见表8-1。

表 8-1 宝安区图书馆统计员主要职责

序号	类别	主要职责
1	馆藏文献	调查、收集、统计、整理各种馆藏文献数据,有效地展示馆藏发展脉络,反映文献资源发展动态,揭示馆藏结构状况,为改进文献采选工作提供参考,为评价藏书质量提供可靠依据
2	借阅流通	统计外借、续借、还回、馆际互借等流通数据,制定图书种类、读者结构、服务区域等不同维度下的借阅排行榜,及时反映借阅流通情况,为优化馆藏资源结构提供参考依据
3	读者信息	统计分类读者办证与服务数据,分析新增读者年龄段、性别、办证数量、读者证类型、特殊群体服务等数据,反映读者的构成及其数量的动态变化,为分析读者阅读行为和针对性地开展读者服务提供参考信息
4	阅读推广	统计讲座、培训、展览、阅读指导等各类活动与服务数据,及时掌握阅读推广动态,为建设品牌活动、创新服务、开展社会教育提供决策参考
5	参考咨询	统计决策信息服务、普通参考咨询、读者评价等数据,为提升参考咨询服务水平提供参考信息
6	网络资源	监测图书馆网站、数字资源等网络资源访问量,揭示现有数字资源使用情况,为官网搭建和数字资源更新采购提供数据依据
7	媒体资源	统计微信公众号、微博、移动图书馆、触摸媒体、媒体报道等相关数据,为开展新媒体服务、宣传工作提供参考信息
8	人力资源	统计馆员的年龄段、学历、职称等数据,分析馆员队伍结构与流动性,为人才队伍建设、人员保障提供参考信息
9	财务经费	掌握财政拨款、经费结构、文献购置费等相关数据,展示经费使用情况
10	设施设备	掌握实体馆舍数量、建筑面积、阅览座席数、读者用计算机终端时长、无线网覆盖率等数据,展示图书馆建筑设施与信息设备保障情况

3.统计工作流程

宝安区公共图书馆总分馆体系统计网络层级分明,统计队伍分工协作,通过各周期、各项任务的数据收集、汇总整理、校对审核、复核、填报、分析和备份保存等环节,形成业务数据统计的基本流程。

基本流程强调的是逻辑与规范，普遍适用于统计员在各项统计任务、环节中的实际操作。一般情况下，统计员接收到统计任务后，需要收集有关数据，所需数据大部分由深圳市图书馆之城中心管理系统输出，小部分来源于日常的人工登记核算。在将数据进行汇总整理后，统计员需对数据进行校对、审核和复核，要求遵守步步校对、多层审核和重复核对的原则。经过严格审核后，统计员方可进行数据填报与分析，并且需要对原始数据、数据来源和统计路径等进行备份保存，以便回溯修正和避免数据丢失。

月报、季报、年报等业务数据表的填报，需要明确各部门、各层级的填报责任范围，按照规范的填报流程，协同完成。总馆业务办公室发布填报任务，各部门接收任务后，按照各自的填报范围，进行统计填报；其中，总馆事业发展部统筹各成员馆的填报工作，各成员馆统计填报完成后，交由总馆事业发展部汇总并审核上报；最终，总馆业务办公室汇总各部门填报的数据，整合形成完整的报表，复核上报，填报流程详见图8-1。

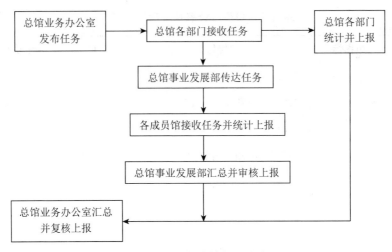

图8-1 业务数据表填报工作流程图

4.统计制度

2020年底，宝安区公共图书馆总分馆体系增编了《宝安区公共图书馆业务数据统计指标规范》，统一各项数据统计口径，规定了总分馆体系开展统一服务所涵盖的总分馆各成员馆建设、馆藏资源、读者服务、读者活动、宣传推广、经费开支、人员保障等主要统计类别，说明了对应的统计指标定义、单位和计算公式，并给出数据采集建议。《指标规范》适用于总分馆体系成员馆，对各部门、各分馆统计员的业务数据统计工作具有操作指导意义。自业务统计制度制定并执行以来，总分馆体系规范了主要统计类别的统计范围、内容、标准，并明确了每类统计类别所对应的责任部门。

二、业务统计的标准化

1. 基本项统计

基本项中包含了基本信息、人员、经费、馆舍、设施等 5 个一级统计指标，下设 20 个二级指标。各项指标统计规范明确了相关定义、单位与计算公式，详见表 8-2。如：

全区公共图书馆总数：（1）定义：辖区内公共图书馆总数，包括总馆、街道分馆、主题分馆、社区阅读中心、服务点等，不包括城市街区自助图书馆。（2）单位：个。

表 8-2　年度统计表基本项指标概况

序号	一级指标	二级指标	单位	指标数量 / 个
1	基本信息	各级行政区划（区 / 街道 / 社区）总数	个	4
2		各级图书馆总数（含未正常开放）		
3		建成比例	%	
4		未正常开放的图书馆数量	个	
5	人员	总数	人	5
6		职员		
7		雇员		
8		其他		
9		文化义工		
10	经费	总经费	万元	4
11		文献资源购置费		
12		电子资源购置费		
13		读者活动经费		

序号	一级指标	二级指标	单位	指标数量 / 个
14	馆舍	馆舍建筑面积	平方米	3
15		阅览室面积		
16		电子阅览室面积		
17	设施	阅览座席	个	4
18		少儿阅览座席		
19		残疾人阅览座席		
20		读者使用计算机数量	台	

2. 馆藏项统计

馆藏项中包含了总藏量、纸质文献、电子文献、视听资料、其他馆藏、公共图书馆图书藏量等 6 个一级统计指标，下设 26 个二级指标。各项指标统计规范明确了相关定义、单位与计算公式。如：

全区公共图书馆总藏量：①定义：指采编统一配送的馆藏地点在总馆、街道分馆、主题分馆、社区阅读中心、服务点的各类文献总量，包括纸质文献和电子文献资源。馆藏纸质文献与电子文献资源都属于图书馆文献资源资产，宜按文献所属馆、馆藏地点、文献文种、文献资料类型、文献载体类型、图书分类法等进行统计。②计算公式：全区公共图书馆总藏量 = 总馆总藏量 + 街道分馆总藏量 + 主题分馆总藏量 + 社区阅读中心总藏量 + 服务点总藏量。③单位：册（件）。详见表 8-3。

表 8-3　年度统计表馆藏项指标概况

序号	一级指标	二级指标	单位	指标数量 / 个
1	总藏量		册（件）	1
2	纸质文献	累积纸质文献总量	种（册）	11
3		当年新增纸质文献总量		
4		当年剔除纸质文献总量		
5		累积纸质图书总量		
6		累积报刊合订本总量		

续表

序号	一级指标	二级指标	单位	指标数量 / 个
7	纸质文献	累积外文图书总量	种（册）	11
8		累积地方出版物总量		
9		累积港澳台文献总量		
10		累积盲文文献总量		
11		当年新增纸质图书总量		
12		当年新增报刊合订本总量		
13	电子文献	累积电子文献总量	册（件）	12
14		累积电子图书总量	册	
15		累积电子期刊总量		
16		累积其他电子文献总量	册（件）	
17		累积数字资源总量	TB	
18		累积电子图书数据库	种	
19		累积电子报刊数据库		
20		累积自建数据库		
21		累积其他类型数据库		
22	视听资料	累积视听文献总量	件	
23		当年新增视听文献总量		
24		当年剔除视听文献总量		
25	其他馆藏		册（件）	1
26	公共图书馆图书藏量		册	1

3.服务项统计

服务项中包含了读者服务、读者活动、下基层辅导次数等3个一级统计指标，下设18个二级指标。各项指标统计规范明确了相关定义、单位与计算公式。详见表8-4。

表8-4 年度统计表服务项指标概况

序号	一级指标	二级指标	单位	指标数量 / 个
1	读者服务	进馆总人次	人次	12
2		累积有效读者证量	个（张）	
3		年度办证数量	个（张）	
4		外借总册次	册（件）	
5		外借总人次	人次	
6		还回人次	人次	
7		还回册次	册（件）	
8		每周开馆时间	小时	
9		当年提供阅览期刊	种	
10		当年提供阅览报纸		
11		图书馆网站点击数	次	
12		电子期刊论文数据库下载条数	条	
13	读者活动	展览	次（人）	5
14		讲座		
15		培训		
16		其他		
17		合计		
18	下基层辅导次数		次	1

进馆总人次：①定义：亦称"接待读者人次"，统计期内进入图书馆的读者数量，宜统计从各外围入口进入馆舍内的读者总数量。宜按馆舍、楼层、功能分区等进行统计，如：全区公共图书馆进馆人次、总馆进馆人次、分馆进馆

人次、少儿图书馆进馆人次等。②单位：人次。

累积有效读者证量：①定义：截至统计期末，已发放并正在使用的有效读者证累计量，不包括退证及不在正常使用状态的读者证（暂停、验证、过期、挂失等）数量。宜按开户馆、读者证类别进行统计，包括励读证、普通读者证、集体外借证、家庭读者证等。包含通过本馆虚拟证端口办理的读者证，实质与"累积注册读者"同。②单位：个、张。

4. 借阅排行榜统计

为更好地揭示馆藏文献资源，提高读者利用率，宝安区公共图书馆总分馆体系长期开展借阅排行榜统计宣传工作。为规范各成员馆借阅排行榜的统计及发布，总馆制定了《宝安区图书馆借阅排行榜统计及发布规则》，对馆藏借阅排行榜的统计方法、排行榜的应用、数据发布的审核、书目确定的原则、数据统计操作规程进行详细规定，避免了统计方法不一、多头统计，对外发布口径不一致等情况。

三、业务数据的专业化分析

1. 主要分析方法

针对某一项图书馆业务或问题，统计人员应灵活运用专题分析法。如对历年来读者新增、活动开展、总分馆建设、借阅流通等专题进行分析，以便了解、剖析相关影响因素或发展情况。专题分析应内容集中且目标明确，可有效指导专项业务工作的开展。

在多项图书馆业务数据的集中分析中，统计人员应常用对比分析法。总体可分为横向对比和纵向对比。横向对比，如总分馆中各成员之间的业务数据对比，同一馆内各楼层、各阅览区之间的业务数据对比。纵向对比，如季度、年度业务数据的同比、环比，详见图8-2、表8-5。

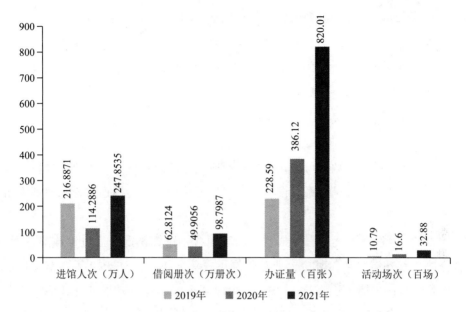

图 8-2　2019—2021 年度宝安区图书馆街道分馆业务数据的纵向对比

表 8-5　2021 年宝安区图书馆总馆不同年龄读者年度外借数据的横向对比

读者出生年份 / 年	2021 年外借（含续借）/ 册次	比例 /%
1949 以前	7196	0.36
1950 — 1959	18774	0.93
1960 — 1969	27436	1.35
1970 — 1979	250526	12.36
1980 — 1989	924705	45.63
1990 — 1999	258698	12.77
2000 — 2009	135193	6.67
2010 — 2021	403799	19.93
分项合计	2026327	100.00

2. 年报发展与分析

自 2006 年起宝安区图书馆开启年报编印工作，随着图书馆事业发展，年报工作也不断被推动向前迈进。2017 年，文化和旅游部公共文化司发布的《第六次全国县级以上公共图书馆评估标准细则》中对"年度计划和年报"提出了新标准，同年《宝安区公共图书馆总分馆制建设实施方案》正式出台，对业务数据的精细化管理要求进一步提高，至此，年报编印工作呈现出统计项多点细化、统筹流程多线扩展、年度报告多元展示的发展趋势。

以《深圳市宝安区图书馆 2019 年年报》为例：

2019 年年报基于业务数据报表，结合了专题分析、对比分析等主要分析方法，融合各项业务数据可视化分析，形成人才队伍建设、文献资源建设、总分馆读者服务、总分馆体系建设、总分馆读者活动、宣传报道分析、财务支出分析等专项报告。如：

"2019 年总分馆读者服务报告"内容包含了进馆情况、总分馆注册读者、总分馆文献外借服务。其中，业务数据可视化分析包括：2019 年总馆每日各时段和各月份进馆人次对比、2016—2019 年全区累积有效读者证和新增读者证数量对比、2019 年读者证类型结构、2019 年全区新增读者证各类型比例、2019 年新增读者性别和各年龄段占比、2019 年全区新增读者证籍贯分布情况、2019 年总馆各月文献外借情况、2019 年总馆文献外借各年龄段读者借阅量分布、文献外借类型比例，详见图 8-3。

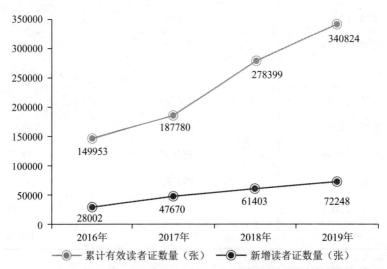

图 8-3　2016—2019 年全区累计有效读者证和新增读者证数量折线图

"2019 年总分馆体系建设报告"内容包含了宝安区公共图书馆总分馆体系

建设概况、成员馆业务分析、分馆业务分析、总分馆绩效考核体系探索和总结。其中，业务数据可视化分析包括：2019 年全区纸质文献馆藏分布、2019 年总分馆纸本文献藏量占比、2017—2019 年总分馆进馆人次对比、总分馆新增读者证数量对比、总分馆外借服务数据对比、总分馆读者活动场次对比、街道分馆接管前后各项业务数据同比等，详见表 8-6。

表 8-6 街道分馆被宝安区图书馆接管前后业务同比统计表[①]

		西乡街道分馆	福永街道分馆	石岩街道分馆	松岗街道分馆	新桥街道分馆[②]	总计
进馆人次	2019 年	338729	387954	505699	475847	460642	2168871
	2018 年	88052	109000	196000	117086	286308	796446
	同比 /%	284.69%	255.92%	158.01%	306.41%	60.89%	172.32%
办证量	2019 年	2759	2258	6643	7786	3413	22859
	2018 年	450	99	1848	1392	4874	8663
	同比 /%	513.11%	2180.81%	259.47%	459.34%	-29.98%	163.87%
外借册次	2019 年	77417	84334	148968	185261	132144	628124
	2018 年	23975	45022	94535	60626	114125	338283
	同比 /%	222.91%	87.32%	57.58%	205.58%	15.79%	85.68%
活动场次	2019 年	131	307	287	277	77	1079
	2018 年	43	0	34	31	97	205
	同比 /%	204.65%	—	744.12%	793.55%	-20.62%	426.34%

注：① 2019 年 1 月，宝安区图书馆正式接管西乡、福永、石岩、松岗 4 个街道分馆。
② 2019 年，新桥街道分馆仍由深圳出版发行集团运营管理，未纳入宝安区图书馆总分馆垂直管理体系。直到 2022 年 1 月纳入。

第三节　体系成员馆的考评制度

宝安区公共图书馆总分馆体系成员馆情况复杂，有街道分馆、主题分馆、社区阅读中心及服务点等类型，与街道、社区、学校、公园、企业等合作方共建；其工作人员又包含职员、雇员、临聘人员、劳务派遣人员等。在此情况下，宝安区图书馆管理部门对总分馆体系成员馆进行标准化、规范化和一体化管理是一项难度较大的工作。宝安区图书馆从年终考核、评优评先以及职称评聘等方面建立了绩效评价指标体系，并运用积分管理法对馆员进行绩效评估，建立了科学有效的综合性评价指标。

一、制定考评制度的目的

1. 实现总分馆体系发展。考评有助于促进全区图书馆工作任务的完成、服务宗旨和发展目标的实现。考评将行业最新发展要素纳入考核指标中，通过规范馆员行为，使体系朝可持续方向发展。

2. 激励馆员创造工作业绩。图书馆通过考核及时了解和掌握每个馆员的工作质量和状态，馆员自身也可以认识到自己在工作中的价值与缺失，从而激发工作热情，将工作做得更好。同时，考评有助于馆与馆之间、馆员与馆员之间形成良性竞争，实现图书馆整体效益的提升。

3. 优化体系成员馆阅读环境。馆舍环境、设备、藏书是影响读者阅读体验的主要物质条件，在很大程度上制约着图书馆的发展。宝安区公共图书馆总公馆体系借助考评的东风，促进各级成员馆优化阅读环境，完善软硬件设备，增加创意性服务项目，提升读者的满意度。

二、建立考评制度的原则

建立完备、科学的考评标准是有效实行考核的先决条件，为实现考评目标，宝安区公共图书馆总分馆体系考评标准主要遵循以下原则：

1. 适用性原则。考评标准需及时、有效、全面、真实地反映馆员工作质量和效果。图书馆在不同发展阶段，考评的目的、方法、指标选取不尽相同。如宝安区图书馆根据事业发展需要，在 2020 年度街道分馆的考核表中，增设了对辖区内基层馆的建设及巡查工作的考评项；根据新冠疫情实际，2020 年度体系成员馆的考核表中新增了疫情防控有关内容。

2.适度性原则。考评的标准，特别是量化的标准，必须是绝大多数馆员经过努力能够达到的。如果标准太低，则无法起到激励作用；标准太高，则会影响馆员工作的积极性，与考评目的背道而驰。

3.量化原则。考评要建立在量化的基础上，尽可能将考核内容分解为若干评价要素，并赋予各项评价要素一定分值，便于直观体现被考评人员能力、考核分数的横向和纵向对比、考核官的客观评价，还能有效避免考评中的随意性、主观性。

三、考评办法

宝安区公共图书馆总分馆体系考评制度分为两部分。第一部分以各街道分馆、主题分馆、社区阅读中心为考核对象，评出"年度最佳服务分馆"、"年度最佳宣传分馆"以及十家"社区阅读中心绩效考核优秀馆"；第二部分以所有工作人员为考核对象，考评结果作为年度绩效奖励发放、岗位晋升、培训资格申请等的依据。

体系成员馆及馆员的考评每年度各开展一次，以《分馆年度量化考核表》《阅读中心年度量化考核表》《分馆馆员年度量化考核表》为考核内容，由现场测评、数据评分、加分及不合格项判定三部分组成。现场测评由图书馆行业专家、资深馆员、各街道馆业务骨干组成测评小组对考核对象进行打分；数据评分由总馆事业发展部根据成员馆全年各项主要业务数据统计得出，加分及不合格项由总馆事业发展部根据成员馆当年业务开展情况制定并统计得出。

四、考评内容细则

参考国家评估定级有关标准，在总结以往业务考核经验和评价内容设置的基础上，宝安区图书馆对各级成员馆考核指标进行了重新设计，选取易于量化的项目，拟定新的考核指标体系及馆员年度考核表，并根据每年实际情况进行考核项目的增减，详见表 8-7 和表 8-8。

表 8-7　宝安区图书馆总分馆体系成员馆 2022 年度考核项目

一级指标	二级指标	三级指标
现场测评	功能区域设置及馆容馆貌	少儿阅览区设置
		图书专架设置
		图书排架误差率
		报刊上架情况
		电子阅览服务
		阅览座席
		电子设备
		服务项目及制度公布
		标识指引
		馆容馆貌
	防疫创文措施	创文软硬件
		监测入馆
		馆内佩戴口罩
	业务资料	业务数据
		办证资料
		合同资料
		业务规范
		文献调拨
		志愿者
		固定资产
		其他登记
		读者意见记录

续表

一级指标	二级指标	三级指标
	安全管理	安全生产
		安全巡查及演练
		消防设施设备
		意识形态安全
		财经安全（仅街道分馆）
		网络安全
	服务质量	读者满意度
		咨询服务
	工作总结	现场工作汇报（仅街道分馆）
数据测评	团队建设	工作人员
		人员分工
		培训交流
		学术成果
	协调管理	文献管理
		业务统计与报送
		馆讯编写（仅街道分馆）
		基层馆建设管理（仅街道分馆）
	读者服务	读者有效借阅率
		人均文献外借量
		人均办证量
	读者活动、宣传及舆情	读者活动次数
		馆外服务宣传次数
		传统媒体报道
		公众号宣传
		读者意见反馈

续表

一级指标	二级指标	三级指标
	加分项目	下基层辅导（仅街道分馆）
		承接大型活动
		创新工作
		读者表扬
		馆员科研成果
		荣誉表彰
	不合格项目	未按时开馆
		发生重大安全责任事故

表 8-8　馆员年度量化考核项目

一级指标	二级指标
工作态度	工作责任心
	服务态度
	合作性
	出勤情况
	在岗情况
	个人形象
	读者意见反馈
业务工作	图书借还工作量
	办证数量
	图书排架误差率
	参与读者活动情况
	宣传推广
	当班工作任务完成情况
	读者咨询服务
	书架管理

续表

一级指标	二级指标
其他工作	安全管理
	文档整理
	参加培训和集体活动情况
加分项目	业务创新应用
	业务研究
	获得表扬
	加入学会组织
	信息、资料编制
额外扣分项目	考勤不规范
	散播不实言论
	故障不及时报备
	读者不良行为不制止

经过几年的实践，宝安区图书馆不断对考核评价体系进行优化，调整指标，合并同类项目，以求考评指标符合实际、具备可操作性、科学合理。通过考核，馆员工作效率明显提高，综合能力不断提升，各级成员馆工作有序开展，业务数据持续增长。

第九章 "宝安模式"的创新与思考

第一节 建设与运营服务效益分析

宝安区图书馆基层网点建设历史悠久，在漫长的探索过程中，形成了紧密型垂直管理的公共图书馆总分馆制"宝安模式"。其特点是：以制度保障为基础，以"图书馆+"为融合发展点，以创新实践为突破口，以提高体系服务效能为最终目标。

《中华人民共和国公共图书馆法》明确规定："县级人民政府应当因地制宜建立符合当地特点的以县级公共图书馆为总馆，乡镇（街道）综合文化站、村（社区）图书室等为分馆或者基层服务点的总分馆制，完善数字化、网络化服务体系和配送体系，实现通借通还，促进公共图书馆服务向城乡基层延伸。"尽管实行总分馆制在公共图书馆事业发达的国家与地区早已有之，但在我国的推广却十分艰难。作为深圳市最早建立区级图书馆的行政区，宝安区在建设公共图书馆服务网点乃至区域性图书馆服务体系方面一直不断探索。

《宝安区公共图书馆总分馆制建设实施方案》（2017年9月，以下简称《实施方案》）和《深圳市宝安区公共图书馆管理办法》（2018年5月）的正式出台，标志着宝安区在全国率先从体制机制上加以改变，建立起了区、街道、社区三级紧密型垂直管理模式的公共图书馆总分馆制服务体系。

一、垂直管理提升整体服务效益

在《实施方案》的政策保障之下，经过五年的实践，全区公共图书馆总分馆体系进入稳步发展阶段。在公共图书馆三级紧密型垂直管理总分馆体系下，实现了全区公共图书馆事业的"三个统筹""五个统一"，即统筹经费、人员、资源，统一业务管理、服务清单、资源配置、人员培训、绩效考核。区、街道、社区三级图书馆的人、财、物实行垂直管理，从而实现文献信息资源共享，图书通借通还，读者活动联动开展，服务标准化、均等化、数字化和一体化。

2019年1月，宝安区石岩、松岗、福永、西乡4家街道图书馆正式加入宝安区公共图书馆紧密型垂直管理总分馆服务体系，由所属街道文体中心移交至区馆进行统一、专业、直接的管理。4家街道分馆被接管后有了明显的变化：开放服务时间统一延长，宣传服务标识统一更换，各分馆功能区域重新优化调整，服务标准规范，服务内容也变得丰富多样。总馆的阅读推广活动大量下沉到街道分馆，同时，各分馆也形成了具有街道特色的活动品牌，为附近居民读者提供更加专业优质的服务。仅在2019年，4家街道分馆就接待进馆读者216.8万人次，同比增长325%；外借图书62.8万册次，同比增长180%；开展读者活动1076场次，近7万人次参与其中，同比增长分别为896%、319%。总馆通过深化体系建设，强化街道分馆的骨干力量，加强对社区阅读中心、服务点的监管和业务指导，提升了全区公共图书馆总分馆体系的服务效能，不断优化成员馆阅读环境和市民的阅读体验。同时，扩大了读者活动参与群体，丰富了活动形式，推动本区全民阅读活动深入开展。

二、"建设标准化 + 管理规范化"推动体系快速发展

宝安区图书馆通过制定基层馆建设标准，把成员馆按照不同建筑体量与合作模式分类建设，每年由总馆制定建设计划，申报专项经费，有合作意向的单位和组织向总馆提出申请，总馆根据网点覆盖范围统筹规划并完成建设任务。在服务规范化方面，体系成员馆全部加入深圳"图书馆之城"统一服务平台，执行统一服务标准，各级成员馆统一开放时间、统一服务项目和采用统一标识标牌，并加大资源与活动投放力度，加强区域内服务大数据分析，有针对性地统筹开展各类宣传与阅读推广活动，使体系成员馆整体服务水平不断提升。

截至2022年底，全区10个街道图书馆均已移交区馆直接运营，全区总分馆体系成员馆达到119家。尽管疫情防控期间受临时闭馆、馆内限流等措施影响，全区总分馆体系成员馆服务量比疫情前有所下降，但2022年接待读者仍达到303万人次，新增读者证7.7万张，图书外借263万册次，举办线上线下活动5105场，81.4万人次参与。

三、垂直管理向纵深推进

宝安区图书馆在成功实现总馆直接管理所有街道分馆的基础上，继续探索成员馆运营管理新模式。2022 年选取沙井、新桥街道的 11 家社区阅读中心纳入垂直管理，探索开展社区阅读中心统一管理试点，采购专业化运营服务，统一规范基层馆人员考勤、安全管理、流通服务、阅读推广、图书上架等工作，并通过项目履约情况、月度巡查与监控抽查、读者满意度、共建方满意度四个维度对项目进行综合考核。自 2022 年 5 月起 11 家社区阅读中心试点实施统一管理，至 2023 年 2 月，与往年同期相比各项数据均有不同程度增长，详见表 9-1，另有 2 家社区阅读中心在 2022 年度全区社区阅读中心绩效考核中荣获优秀奖。统一管理使公共图书馆总分馆体系内的文献、设备、活动、人员等各类资源得以高效整合、优化配置、集约使用，服务效能全面提升。试点工作 2023 年将继续在福海街道及新建馆推行。

表 9-1　2022 年 5 月至 2023 年 2 月 11 家社区阅读中心试点垂直管理业务数据情况

序号	指标	完成情况	与上年同期相比
1	接待读者量	10.37 万人次	增长 5.36%
2	文献外借	6.8 册次	增长 22.19%
3	新增读者证	1158 张	增长 6.52%
4	阅读推广活动	329 场	增长 376.81%

建立公共图书馆人力资源分类管理机制，加强各类人员的统筹使用，提升人员使用效益。由总馆统一调配全区公共图书馆工作人员，探索基层点一体化、社会化管理运行模式。坚持每季度举办一次馆员业务培训，组织外出参观和馆际交流活动，举办馆员素质提升培训班，加强多层次专业技术人才教育与培训，建设结构合理、具备相关专业知识的图书馆队伍。

四、创新理念优化服务体验

体系成员馆实行错位发展，积极推进图书馆"嵌入式服务"，打造"小""美""精"特色。宝安区图书馆总馆在街道分馆、社区馆布置建设一批融合图书阅读、艺术展览、文化创意、沙龙活动、智慧体验、休闲休憩、轻食餐饮等复合功能的新型文化服务空间，采取直接管理、委托管理、项目管理等多元运营模式，支持与引导社会力量参与图书馆建设与管理。

优化文献资源结构，建设特色馆藏。宝安区图书馆根据功能定位、馆舍规模和读者需求，在公共图书馆总分馆体系内明确不同层级成员馆的文献资源配置原则，合理安排婴幼儿、少儿、青少年等未成年人图书馆藏比例，实现各类型数字资源的全区共享。

宝安区图书馆继续优化对来深务工人员、长者、障碍人士等群体的关爱服务和阅读权益保障，探索"图书到家"服务，借助完善的三级公共图书馆服务体系，进一步强化阅读推广总分馆联动机制，统筹公共图书馆总分馆阅读活动体系设计，重点围绕经典阅读、数字阅读、家庭阅读、未成年人阅读、城市特色阅读，根据读者需求和经济文化特色，进行各类阅读推广活动的品牌化设计。做大做强"宝图星期讲座""图图姐姐讲故事""馆长少年""阅见宝安"等活动品牌。

构建可持续的图书馆智慧服务模式，打造读者触手可及的"云图书馆"服务，实现云借阅、云游览、云讲座、云展览、云咨询、云交流等新型服务。

第二节 社会力量参与和"图书馆＋"

作为公益性的公共文化服务机构，公共图书馆自问世以来主要依靠国家财政支持建设和运营。近年来，随着信息技术的不断发展，市民的阅读习惯和信息获取方式等都发生了较大改变，尤其是对阅读环境舒适性、信息获取便捷性、服务标准一致性和文献内容多样性等方面的要求不断提高，逐渐推动公共图书馆朝着两个方向变革：一是发展方向的变革，由个体发展转变为区域化、集群化协调发展，如深圳"图书馆之城"建设；二是服务方向的变革，由传统的文献保存、借阅等公共服务转变为集休闲娱乐、文化交流、阅读学习等多功能于一体的多元化服务。

传统的公共文化服务主要由政府的文化职能部门提供，社会力量处于从属的、补充性的地位。由于传统的服务供给模式越来越难以满足市民需求，引入社会力量多元化发展成为新思路[①]。

一、社会力量参与公共图书馆服务供给

1. 发展概况

2013 年 7 月，李克强总理主持国务院常务会议，"研究推进政府向社会力量购买公共服务"，社会力量参与提供公共服务再次引起社会的强烈关注和热烈讨论[②]。而事实上，改革开放后社会力量参与图书馆建设和服务就已经有了一些实践和探索。

社会公众是公共图书馆最直接和最重要的服务对象，也是参与公共图书馆建设不可或缺的重要力量。《中华人民共和国公共文化服务保障法》和《中华人民共和国公共图书馆法》的法律条文，以及《关于加快构建现代公共文化服务体系的意见》《国家"十三五"时期文化发展改革规划纲要》等相关文件的内容均涉及社会力量参与公共文化服务建设，为促进社会力量进入公共文化领域提供了制度保障。

我国社会力量参与公共图书馆服务供给是多形式、多角度、多途径的[③]。总体上看，国内学者较倾向于按运作方式将社会力量参与基层图书馆服务供给划分为慈善捐助、自办图书馆、合办图书馆、志愿服务和从事图书馆服务产业等几个方面[④]。目前已有不少社会力量参与公共图书馆服务供给案例获得业内外广泛关注及热烈反响，如由内蒙古图书馆与图书销售单位开展的"彩云服务计划"，是集"借、采、藏"为一体的新型读者服务创新模式；由佛山市南海区联手洛可可·洛客打造的南海读书驿站，斩获 2022 年德国 IF 国际设计大奖；还有由民间组织兴办并由知名音乐家高晓松担任馆长的"晓书馆"系列，以独特的建筑风格和名人效应相结合，成为当地有名的文化地标。

---

① 陆和建,崔冉.我国社会力量参与公共文化服务建设的风险控制研究[J].图书馆建设,2022(3):146-151,173.

② 邓银花.社会力量参与图书馆建设的缘由、模式和激励[J].图书馆杂志,2014,33(2):14-19.

③ 李国新.中国图书馆学会第二届"百县馆长论坛"总结发言[J].新世纪图书馆,2007(6):14-16.

④ 李娟.社会力量参与基层图书馆服务供给模式研究综述[J].图书馆,2015(3):66-71.

2. 社会力量参与的"宝安模式"

宝安区图书馆是较早引入社会力量参与具体业务和服务的图书馆之一，经历了由浅入深、由局部到多元合作的过程。早期，社会力量主要承担图书加工、数字资源提供、信息技术开发与支持等辅助性事务。随着市民阅读需求的不断增长，社会力量参与宝安区图书馆各项业务和服务的渠道也在不断拓宽，如今，宝安区公共图书馆总分馆体系已成为政府主导，各类社会力量积极参与，共建共享的区域性公共图书馆服务体系。与社会力量合作主要有以下几种模式：

（1）购买专项服务

图书加工：为适应基层图书馆建设背景下对采购和加工图书需求的快速增长，2004年起，宝安区图书馆与第三方服务商合作，把图书加工流程中的部分项目进行外包，主要包括：数据套录、图书原始数据著录和图书辅助加工（盖章、贴标、打包等）。而文献采选、编目数据审校等工作仍由总馆采编部承担。目前，全区每年采编加工图书数量约为30万册。2019年开通的"书视借"服务是宝安模式的"你选书我买单"，读者可通过线上或线下两种方式免费借阅合作书店最新上架图书，深受大众欢迎。

数字资源提供：宝安区图书馆早在2001年就建立了官方网站，提供书目检索和读者信息查询等基本网络服务。从2005年起，先后引进方正电子书、龙源电子期刊、中国知网等不同类型的数据库，与资源供应商以包库或本地镜像的形式合作。随着数字图书馆建设的不断深化，宝安区图书馆通过在官网构建数字资源一站式检索平台，整合各类异构资源，读者输入证号密码即可实现远程登录，免费获取海量信息。至2022年底，宝安区图书馆网站已有25个平台共44种数字资源可供读者免费使用，内容涵盖图书、期刊、学术文献、培训资料等，形式包括图文、视频、音频，基本实现了各年龄段读者需求的全覆盖。

新技术应用：图书馆事业快速发展、网点布局不断完善、业务流程优化重组，这些都离不开新技术应用对行业的支持。宝安区图书馆早在1992年就率先在全国县（区）级馆中引入"ILAS图书馆自动化管理系统"；2003年为配合深圳"图书馆之城"建设，在国内率先引入"INTERLIB图书集群管理系统"，为基层图书馆建设网络化和标准化奠定了基础。近年来，宝安区图书馆以公共图书馆总分馆垂直管理体系建设为目标，打造智慧型公共图书馆总分馆管理与服务方式，通过建设国内首个智能图书分拣系统、大数据智慧墙、直播和VR服务5G+试点应用等项目，实现图书馆业务与当今信息技术同步发展，丰富了公共图书馆总分馆体系智慧服务体验，提升了网络和设备的整体智能化水平。

文献调拨：宝安区图书馆总馆设有大型智能化密集书库，是整个宝安区的文献调配中心，目前馆藏量约为84万册，分为集体预借库和保障预借库，负责保障全区新建基层馆文献调配、集体证和家庭证图书外借、保障库图书预借、主题阅读空间资源建设、成员馆间图书流转等工作。随着区内公共图书馆总分馆体系不断壮大，对密集书库各类图书的需求以及对图书物流配送的需求也在快速增长。从2022年8月起，宝安区图书馆对总分馆体系成员馆物流及馆藏处理、总馆密集书库典藏处理统一进行外包。物流服务（提供车辆和司机）每年约900次，主要承担体系成员馆之间文献、图书馆专用设备等的搬运；典藏处理服务包含总馆密集书库每年50万件（册）以上文献的出、入库及上、下架处理，通借通还图书每年不少于35万册次处理，以及市馆和其他区馆文献典藏出入馆、区内文献典藏入馆等业务管理。

（2）引入志愿团体参与服务

宝安区图书馆长期鼓励社会力量参与协助开展图书馆服务。2012年12月，为贯彻落实区文体旅游局"文化春雨行动"，宝安区图书馆正式成立义务馆员队伍，招募志愿者参与图书上架、活动秩序维护、馆内指引与咨询解答等辅助性服务。2017年，为进一步发展壮大志愿者队伍，宝安区图书馆义务馆员队伍整体纳入深圳市文化志愿服务总队，并更名为"宝安图书馆文化志愿服务队"。市民可通过深圳市义工联官网、青春深圳微信公众号等平台报名参与志愿服务。

2019年，随着全区公共图书馆垂直紧密型总分馆制落地实施，宝安区图书馆志愿者工作进入跨越式发展阶段，招募人数大幅增长，服务范围进一步扩大，形式也进一步丰富。创新性地构建了"三岗一库垂直互联"管理模式（即通用岗、技能岗、专业岗三岗，统一数据库，总分馆志愿工作垂直管理），并依托总分馆体系，增设分馆志愿者U站15个。志愿管理工作初步实现了分工明确、分级管理、分类指导，形成了参与广泛、内容丰富、机制健全、充满活力的文化志愿服务工作新格局。截至 2022 年底，宝安区图书馆在册登记志愿者达 2862 人，全年开展文化志愿服务活动 5404 场次，参与人数 40410 人，累计服务时数 113830 小时。

宝安区图书馆志愿服务工作佳绩不断，荣获 2014、2017 年度"深圳市文化志愿服务示范单位"及 2020 年度"宝安区城市志愿服务大赛优秀志愿服务组织"奖，"义务馆员活动""阅享阅美读书会""我为宝安做讲解"分别获评 2015、2018、2019 年度"深圳市文化志愿服务示范项目"。

（3）成立法人治理结构和行业协会

2013 年 7 月 24 日成立的"宝安区图书馆理事会"，是改变传统行政化管理模式，引入社会力量参与管理，建立公共文化服务共同治理结构的有益尝试。理事会成立至今，成员涵盖了图书情报、社会科学、文学艺术、科技和教育等不同行业，共同为全区公共图书馆事业规划、经费安排、制度完善、体系和资源建设、业务考核等方面献策出力，有力推动了全区公共图书馆事业快速发展。

2017 年 1 月成立的"深圳市宝安区图书馆学会"，是全省首家区级图书馆学会，由宝安区图书馆发起成立，以区馆为平台，吸纳全区不同行业的图书馆从业者及关心支持图书馆事业的单位、组织和个人加入，在总分馆体系之外，形成跨界横向合作机制。学会通过组建"学术交流委员会"和"阅读推广委员会"，成功举办了"科普阅读月""领读人培育计划""馆员学术沙龙""馆员辩论赛"等系列活动，逐渐成为传播业界资讯、跨界交流互动、提升馆员业务技能的综合性服务机构。

（4）合作运营各类基层馆

宝安区图书馆多年来一直非常重视基层图书馆建设，早在 1998 年全区启动"百村书库"工程建设时，就通过政府集中资助，村集体提供馆舍场地，区图书馆负责图书与设备采购、场地布置和人员培训的方式建馆，建成后交村集体自主管理。2008 年起建设的劳务工直属分馆，由合作方提供场地和负责水电、安保，宝安区图书馆负责分馆日常运营。2012 年启动并延续至今的社区阅读中心建设模式，则是由合作方提供场地、人员并负责水电、安保，宝安区图书馆负责建馆、承担日常业务经费、人员工资及进行业务考核。

（5）支持社会力量独立运营服务点

对于一些所在园区或企业管理相对封闭、周边人群以园区和企业员工为主的机构，一般采用建设服务点或集体借阅的合作方式，由宝安区图书馆提供图书和业务指导，合作方按照统一标准建馆并负责日常管理。其中，服务点支持图书通借通还；集体借阅服务则只提供馆内阅览服务。

二、总分馆体系建设中的"图书馆 +"

1."图书馆 +"理念介绍

所谓"图书馆 +"，是指图书馆服务与其他多种业态的融合发展。近年来，各地不断涌现以合作共建方式拓展基层公共图书馆服务网点的举措，将图书馆业务与其他实体场馆业务相结合，例如，图书馆和商场、银行、酒店、青少年活动中心等与大众日常生活密切相关的机构合作，跨界打造多元化公共阅读体验的新模式[①]。"图书馆 +"作为图书馆行业内有关新型阅读空间建设的一种理念，为社会力量和社会资本参与公共图书馆服务供给提供了新的途径，有效填补了区域性公共图书馆服务体系构建过程中存在的场地、资金和人员不足的短板，是迅速形成城乡公共图书馆设施体系和服务体系的有效途径[②]。

2.多元化的"图书馆 +"宝安模式

"图书馆 +"宝安模式主要体现在社会力量参与宝安区基层图书馆建设的形式多样、合作深度不同，但每个基层图书馆统一服务的网络化、标准化和规范化要求是一致的。近年来，宝安区图书馆深入探索"图书馆 +"合作办馆模式，截至 2022 年 12 月 31 日，全区已建成开放的基层图书馆共 119 家，其中，除总馆和 15 家分馆由政府全额投资以外，与社区 / 党群服务中心、企业 / 工业园区、学校、公园、商场等社会力量合作共建的基层图书馆达 103 家，均已加入深圳"图书馆之城"统一服务平台，实现全市文献通借通还。通过馆企共建、馆校共建、馆园共建等多种形式，有效整合各类公共资源，积极打造各类新型阅读空间，构建起了覆盖全区的公共图书馆服务网络。

由于不同社会力量主体之间存在较大差异性，参与公共图书馆建设的模式及效果也不同，因此，宝安区图书馆在推进"图书馆 +"工作中，充分考虑各类社会力量自身情况及存在的优势和不足，提前规划合作方案，明确合作各方

---

① 李茜.文旅融合形势下图书馆业态发展的河南模式[J].河南图书馆学刊,2020(8),124-126.

② 李国新,张勇.推动公共图书馆事业"中部崛起"[J].中国图书馆学报,2016(6):4-12.

的权利与职责，因馆制宜开展特色服务。

（1）"图书馆＋社区／党群服务中心"

这是"图书馆＋"宝安模式中最为普遍的一种类型。据统计，截至2021年底全区共有124个社区432个城中村，全区常住人口达到448.29万人，人口非常密集。而作为政府最基层服务阵地的社区居委会和社区党群服务中心，由于长期扎根基层，在营造浓厚读书氛围、引导居民培养良好阅读习惯等方面有着得天独厚的优势，且社区自身也有图书馆建设需求，运营经费有保障、场地用途稳定。宝安区图书馆拥有丰富馆藏资源、专业化服务及管理经验，两者合作有助于发挥资源效益最大化、完善全区基层图书馆网点布局、推动全民阅读深入基层，同时有效保障了辖区内特殊群体如离退休老人、未成年人以及来深建设者享受公共文化服务的基本权利。

考虑到社区／党群服务中心自身政务职能繁多，为避免文化职能被忽视，宝安区图书馆采取了四方面措施：一是明确建设标准，将基层图书馆建设纳入宝安区政府年度考核之中，督促各街道办及下属社区主动参与辖区内基层馆的建设；二是厘清合作各方职责，街道办负责沟通协调，社区提供场地并承担水电、物业支出，宝安区图书馆提供文献资源、专用设备和承担运营经费，三方职责分工明确，各司其职；三是统一基层馆开放及服务标准，提高服务质量；四是健全考核机制，定期组织第三方机构进行巡查，根据基层馆场地、日常运营情况、服务质量等进行考核，巡查与考核结果纳入宝安区政府年度考核之中。

（2）"图书馆＋企业／工业园区"

宝安是深圳的经济大区、工业大区和出口大区，拥有上市企业超过70家，国家高新技术企业6700多家，聚集着大量外来务工人员。近年来，随着企业／工业园区在产业结构优化、企业技术创新等方面的不断提升，企业文化建设的重要性不断增强。不少企业／工业园区创办了企业图书馆，为员工提供优良的学习环境。但受制于图书种类少、新书更新难度大、管理水平不高等痛点，企业／工业园区自建图书馆缺乏可持续发展的条件。通过"图书馆＋企业／工业园区"模式合作建设图书馆，充分利用企业／工业园区场地充裕、服务人群集中等优势，为企业／工业园区提供丰富的文献资源和阅读推广服务，满足企业文化需求。

此类共建图书馆容易遇到以下问题：一是因企业经济效益影响服务稳定

性、二是外来读者进入园区容易受到限制。为此，宝安区图书馆采取了三项措施：一是明确双方投入，由企业承担不便搬动的一次性投入固定资产（书架、阅览家具、防盗仪等），宝安区图书馆承担图书、报刊等可循环使用的资产，加强合作灵活性；二是以保障服务均等化为前提，明确合作期限及服务要求，除不可抗拒因素外（企业搬迁、倒闭等），不得以任何名义随意停止开放服务，不能拒绝为外来读者提供服务；三是合作建馆模式灵活多样，结合企业／工业园区自身条件，灵活选择阅读中心、流动图书或集体外借等合作模式。目前，宝安区图书馆已与 30 余家宝安企业／工业园区合作建馆，包括鹏鼎阅读中心、伟创力服务点、捷普绿点服务点、福宁服务点、信维通信服务点等，另有 100 多家企业在宝安区图书馆办理了集体读者证业务。

（3）"图书馆＋学校"

《中华人民共和国公共图书馆法》以及教育部《中小学图书馆（室）规程》（教基〔2018〕5 号）等均提出了"公共图书馆与学校图书馆应开展馆际合作，实现资源共享"的目标，并鼓励学校图书馆向社会公众开放。学校图书馆具有读者年龄结构单一、阅读需求高度相似、需求旺盛的优势，同时也存在馆藏资源结构相对单一，图书流通率较低，寒暑假、周末及法定节假日期间图书馆资源闲置等问题。近年来，宝安区图书馆深入推进"图书馆＋学校"模式，与区内多家学校开展馆校合作，利用宝安区图书馆丰富的馆藏资源满足在校师生的阅读需求，并将学校共建馆纳入深圳市"图书馆之城"统一服务平台，实现资源共建共享，推动公共文化服务与基础教育的融合发展。

馆校合作存在的难题是学校的封闭性与公共图书馆的开放性之间的冲突，尤其是学校开展教学期间，市民在校活动将影响学校正常教学秩序，且存在一定的治安隐患。因此，宝安区图书馆在与学校合作建馆时主要采取以下两项措施：一是做好到馆读者的入馆路线规划，完善相关提醒标识设置，避免外来人员在校内随意走动；二是实行错时开放，师生在校期间图书馆仅面向师生开放，校外读者严禁进馆。周末、法定节假日及寒暑假期间，图书馆面向社会公众开放。目前，宝安区图书馆已先后与新安中学（集团）第一实验学校、宝安中学（集团）塘头学校、深圳新哲书院等学校合作建成新中实验分馆、宝安中学（集团）塘头学校服务点、新哲书院服务点等，均取得了良好的社会效益。

（4）"图书馆＋公园"

图书馆是室内城市公共文化空间，公园是室外城市公共文化空间，二者具有相似的功能和文化内涵，二者的融合发展模式具有可行性[①]。且"图书馆＋公园"模式是推动文化和旅游深度融合的最佳契合点，有利于空间互补、资源共享、功能融合，进而打造文化新空间、实现服务新升级、推动事业新发展[②]。

宝安区图书馆于 2017 年建成全市第一家公园图书馆——湖畔书院·立新湖自助分馆。该馆自开放以来深受读者欢迎，仅 200 多平方米的馆舍首年就接待读者超 10 万人次，成了名副其实的网红馆。近年来，宝安区图书馆继续深入推进"图书馆进公园"，重点围绕"一公园一特色"，通过与公园管理方、企业等社会力量合作，共同打造新型阅读空间。先后在全区各大中型公园建成石岩环湖碧道自助分馆、航城（簕杜鹃谷）阅读中心、五指耙阅读中心、茅洲河服务点、罗田森林公园服务点等公园图书馆。优美的环境与安静舒适的阅读氛围相得益彰，图书馆的文化属性也有效提升了公园的整体文化内涵。

（5）"图书馆＋商业机构"

除了上述 4 种常见类型外，宝安模式还有"图书馆＋商业综合体"、"图书馆＋影院"、"图书馆＋书店"、"图书馆＋培训机构"等多种形式。图书馆通过与不同性质的商业机构合作，充分发挥各自行业优势，能有效扩大图书馆读者群体。其中，"图书馆＋商业综合体"的代表有宝安区图书馆·大仟里未来书屋，它由宝安区图书馆联合宝安大仟里商业综合体合作共建，是深圳首个进驻大型商业综合体的公共图书馆；"图书馆＋影院"的代表有宝安区图书馆·柏亚阅读（百川）服务点，它由宝安区图书馆联合百川影城合作共建，是深圳首个进驻影院的公共图书馆。

---

① 刘东博."图书馆＋公园"融合发展创新模式研究[J].河南图书馆学刊,2021(6):102-103+106.

② 张磊,周芸,熠方炜.文旅融合时代"图书馆＋景区（公园）"发展模式研究[J].图书馆工作研究,2021(5):106-113.

第三节 "宝安模式"的文旅融合与持续发展

一、文旅融合的基本模式及公共图书馆文旅融合路径

文化产业和旅游行业本是两个相互独立的综合性产业，但深入研究可以发现，二者存在着千丝万缕的联系。我国历史悠久，文化底蕴深厚，目前留存下来的历史文化积累丰富多样，并且还在持续不断地发展。文化为旅游行业提供了足够的资源支持，对其产生了非常深刻的影响，因此衍生出了一种新的旅游形式，即文化旅游，这是新形势下旅游行业重点打造的品牌之一，对于我国文化的传承与发扬和我国旅游行业及国民经济的发展都有着积极的推动作用。文化旅游融合有三种模式：一是文化符号与旅游景点渗入式融合。山水楼台等原生态文化景观因古代名贤、历史渊源而闻名，可以把文化注入旅游景点中。二是文化休闲娱乐与旅游产业交叉式融合。主题公园、特色小镇、旅游演艺、文化节庆等产业，因其所具有人文性、独特性、集聚性的文化元素而成为旅游景点。三是文化产品与旅游产品互补式融合。如上海迪士尼乐园的"IP+ 衍生品"模式促进了一批文创产品的热销；宣城作为中国的"文房四宝之乡"，成为文化产品与旅游产业相结合的典范。

公共图书馆是政府举办的公益性文化服务机构，文旅融合让公共图书馆迎来了新的发展机遇，把文化事业和旅游事业有机结合，实现公共图书馆服务职能拓宽，自身也可以获得更多资源和资金的支持，推动可持续发展[①]。文旅融合背景下公共图书馆能够将现有的各种文化资源整合，借助旅游这股东风，立足于当前社会大众的文化和阅读需求，积极探索和构建全新的公共服务模式，让图书馆的服务空间和范围进一步扩大，服务方式进一步创新，从而彰显图书馆的服务价值，提升服务水平[②]。

---

① 袁莉莉.主题服务模式:公共图书馆与旅游融合可持续发展探析[J].新世纪图书馆,2021(2):50-55.

② 刘景会.文旅融合时代公共图书馆研学旅行服务模式与路径研究[J].国家图书馆学刊,2021(1):38-43.

随着新时代国内公共图书馆事业发展，业界开展了公共图书馆文旅融合路径的一系列探索。目前，主流的路径是将公共图书馆打造为当地特色旅游景点。各地政府为了吸引更多旅游客源，增加经济效益，提升城市形象，纷纷在公共图书馆的建设和设计上下功夫。很多城市设计的图书馆新馆都有着超前的理念和独特的风格，结合了地方特色与文化特色，充分考虑到了实用性和审美价值，一度成为网红景点，吸引人们纷纷前往打卡。比如天津市滨海新区文化中心图书馆，建筑设计现代化，科幻感十足，被网友称为"中国最美图书馆"。深圳市盐田区的"灯塔图书馆"，矗立在海滨栈道上，深度融入了本地旅游热点线路。诸如此类拥有着独特设计和审美价值的新型公共图书馆，本身就成为吸引外地游客选择前往的因素，它们已经成为旅游胜地，代表了一个城市的形象，反映了一个城市的经济发展水平和文化事业发展程度，甚至成为该区域的文化标识。

二、"宝安模式"的文旅融合

1. 总馆：宝安中心区的文化与旅游双重地标

宝安区图书馆总馆所在的宝安中心区，早于 1993 年就由当时的宝安区委、区政府启动规划。2006 年，区委、区政府成立了正式机构，统筹规划和建设宝安中心区。随着深圳城市中心的西移和中心区高标准开发建设，宝安中心区地位日益凸显，定位从深圳西部城市次中心到深圳城市双中心之一，再到深圳都市核心区的城市中心。其中，位于中心区中央绿轴上的宝安区图书馆（总馆），在规划上以地市级图书馆标准建设，定位为深圳西部文献中心；在设计上以"水流蚀石"为灵感，与宝安区青少年宫、深圳滨海演艺中心连成一线，三座建筑依傍着中央绿轴，由陆地延伸向大海一气呵成。2013 年 12 月，宝安区图书馆正式对外开放。场馆以其独特新颖的建筑外观，配合周边景观水体、城市绿化带，很快成为中心区地标性建筑之一，常被网友称为"深圳最美图书馆"和"水上图书馆"。

2. 馆中馆：旅游图书馆——深圳首个以旅游为主题的图书馆

为进一步优化场馆功能布局，丰富读者阅读体验，结合宝安中心区"文化＋旅游"双重区位特点，2017 年 10 月 10 日，宝安区图书馆在场馆负一楼新设立旅游图书馆（馆中馆）。该馆是全市首个专门收藏旅游文献资源、提供旅游资讯服务的专题图书馆,面积达 400 平方米,有阅览座位 48 个,设有图书阅览区、期刊阅览区、多媒体资源体验区和休闲交流区。截至 2022 年底,馆内收藏旅游主题图书达 1.1 万余册、旅游杂志 20 多种,内容涵盖国内外自然景观和人文风光介绍、旅游攻略、旅行札记、旅行摄影等。

3. 公园主题馆

随着新型阅读空间概念的兴起,宝安区公共图书馆总分馆建设的"图书馆 +"合作办馆选址,也从传统上在人群居住与工作地点(如社区、企业园区)逐渐延伸到了城市大型商业综合体、市政公园等休闲场地,目前已建成的 6 家公园主题馆分布在全区各个街道,成了文旅融合发展的新亮点(详细内容见本章第二节"图书馆 + 公园"部分)。自 2020 年起,广东省文化和旅游厅在全省旅游景区、酒店和民宿等旅游行业开展"粤书吧"试点建设工作,探索把公共文化设施引入旅游行业,湖畔书院·宝安区图书馆立新湖自助分馆于同年加入该项目,成为深圳市宝安区的首家"粤书吧"。

4. 旅游主题活动开展

为了进一步创新阅读推广模式,倡导公众将阅读、旅行、学习和社会实践相结合,加强人、书、馆、城之间的联系,宝安区公共图书馆总分馆体系成员馆还开展了各具特色的旅游主题活动,如"小人物趣旅行""宝安十景""玩味生活""'图'步山水""敦煌寻踪"等不同主题的文化沙龙系列,为读者提供旅游经验展示、分享和交流平台。"阅天下·邂逅图书馆之美"是中国图书馆学会阅读推广委员会 2018 年推出的一项旅游与阅读相结合的全民游学活动,全国有上百家图书馆共同参与。宝安区图书馆于 2018 年底加入,结合总分馆服务体系,以总馆为中心,10 家成员馆共同参与。活动通过发放"阅读印记"游学护照、游学护照与游学笔记线下打卡、微博线上打卡的形式在各馆开展,激发了广大读者特别是未成年读者寻馆打卡的热情,大大提高了成员馆的影响力和知晓度。

附录1 宝安区公共图书馆总分馆体系成员馆一览表

序号	成员馆名称	所属街道	类型	地址
1	宝安区图书馆	新安	总馆	宝安区新安街道宝兴路1号
2	新安街道分馆	新安	街道分馆	新安街道留仙二路新安文体中心二楼
3	1990分馆	新安	主题分馆	新安街道新安二路72号
4	新安中洲分馆	新安	阅读中心	新安街道公园路中洲华府二期9栋中洲综合文化中心三层
5	新安兴东分馆	新安	阅读中心	新安街道兴东社区留仙二路二巷18号二楼
6	甲岸社区阅读中心	新安	阅读中心	新安街道宝民一路25号甲岸社区党群服务中心1楼
7	新乐社区阅读中心	新安	阅读中心	新安街道38区湖滨中路新锦安雅园三期五栋架空层
8	上合社区阅读中心	新安	阅读中心	新安街道新安三路158号上合党群服务中心二楼
9	安乐社区阅读中心	新安	阅读中心	新安街道乐平路23号安乐社区工作站附楼一楼
10	海裕社区阅读中心	新安	阅读中心	新安街道宝安大道与玉律路交汇处花样年·花乡花园二楼
11	凯旋城阅读中心	新安	阅读中心	新安街道新安一路金泓凯旋城小区9栋A座一楼
12	上川社区阅读中心	新安	阅读中心	新安街道上川社区君钰府一楼党群服务中心

续表

序号	成员馆名称	所属街道	类型	地址
13	新中实验服务点	新安	服务点	新安街道玉林路 3 号新安中学（集团）第一实验学校北门
14	宝中实验服务点	新安	服务点	新安街道上川路 407 号宝安中学（集团）实验学校
15	区教师发展中心服务点	新安	服务点	新安街道洪文路一号
16	海旺服务点	新安	服务点	新安街道海旺社区丽晶国际小区南门一楼
17	宝安党校服务点	新安	服务点	新安街道新安二路 104 号
18	西乡街道分馆	西乡	街道分馆	西乡街道宝民二路 110 号行政服务大厅四楼
19	西乡流塘分馆	西乡	阅读中心	西乡街道流塘路与前进二路交汇处流塘阳光 D 座二楼（流塘小学后）
20	固成社区阅读中心	西乡	阅读中心	西乡街道固戍一路 890 号三楼
21	永丰（香缇湾）阅读中心	西乡	阅读中心	西乡街道碧海中心区金海路 25-77 号
22	凤凰岗社区阅读中心	西乡	阅读中心	西乡街道凤凰岗社区凤岗路 60-1 号 201
23	乐群社区阅读中心	西乡	阅读中心	西乡街道乐群社区乐群二路 16 号乐群雅居三楼 319
24	铁岗社区阅读中心	西乡	阅读中心	西乡街道铁岗社区打铁漫画书吧一楼
25	御龙湾绘本图书馆	西乡	阅读中心	西乡街道松茂御龙湾同学都荟负一楼
26	桃源社区阅读中心	西乡	阅读中心	西乡街道桃源社区 6 区 9 栋 1 楼架空层
27	伟创力服务点	西乡	服务点	西乡街道固戍大门润东晟工业区 A3 栋一楼

续表

序号	成员馆名称	所属街道	类型	地址
28	御龙居服务点	西乡	服务点	西乡街道西乡大道26号御龙居会所二楼
29	大仟里未来书屋	西乡	服务点	西乡街道海城路大仟里购物中心二楼
30	恒丰海悦国际酒店服务点	西乡	服务点	西乡街道恒丰海悦国际酒店有限公司一楼（晨熙餐厅及酒店大堂）
31	河东社区服务点	西乡	服务点	西乡街道河东社区骏丰园内新时代文明实践站2楼
32	渔业社区服务点	西乡	服务点	西乡街道海城路191号二楼208
33	径贝社区服务点	西乡	服务点	西乡街道新安六路4号径贝新村同富楼A栋326
34	河西社区服务点	西乡	服务点	西乡街道河西社区党群服务中心二楼
35	蚝业社区服务点	西乡	服务点	西乡街道辅三路蚝业社区金港大厦1楼
36	南昌社区服务点	西乡	服务点	西乡街道宝源路一八工业区A栋1楼
37	航城街道分馆	航城	街道分馆	航城街道天福华府B区B2栋商业及配套01层38号二楼
38	鹤洲社区阅读中心	航城	阅读中心	航城街道鹤洲社区鹤洲路19号鹤洲股份公司二楼
39	航城（簕杜鹃谷）阅读中心	航城	阅读中心	航城街道九围看守所路簕杜鹃谷科普馆
40	领航城阅读中心	航城	阅读中心	航城街道中信领航里程花园二期航城街道党群服务中心
41	明珠乐龄分馆	航城	阅读中心	航城街道南航明珠花园7栋一层
42	宝安职校服务点	航城	服务点	航城街道宝安教育城学子路4号

续表

序号	成员馆名称	所属街道	类型	地址
43	航瑞中学分馆	航城	服务点	航城街道金围路 1 号航瑞中学一楼
44	福永街道分馆	福永	街道分馆	福永街道怀德南路 52 号
45	兴围社区阅读中心	福永	阅读中心	福永街道兴围社区兴围居委会二楼
46	金石雅苑阅读中心	福永	阅读中心	福永街道白石厦社区金石雅苑立新湖小区党群服务中心隔壁
47	福永（听涛雅苑）阅读中心	福永	阅读中心	福永街道福永社区金菊路 18 号听涛雅苑二期二楼
48	立新湖外国语学校分馆	福永	服务点	福永街道立新北路 133 号
49	福海街道分馆	福海	街道分馆	福海街道和平社区桥和路 300 号
50	桥头社区阅读中心	福海	阅读中心	福海街道桥头社区鸿德园西门会所二楼
51	和平社区阅读中心	福海	阅读中心	福海街道和平社区建欣路 1 号二楼
52	稔田社区阅读中心	福海	阅读中心	福海街道大洋路 90 号福安第二工业城宿舍区 5 栋一楼妇女儿童之家旁
53	塘尾社区阅读中心	福海	阅读中心	福海街道塘尾二十四区福海妇儿服务中心三楼
54	湖畔书院·立新湖自助分馆	福海	阅读中心	福海街道桥头社区稔山二路 8 号
55	新田社区阅读中心	福海	阅读中心	福海街道新塘路 76 号大悦乐邑公寓 1 楼
56	莱尔德服务点	福海	服务点	福海街道福园一路 34 号莱尔德公司员工宿舍二楼
57	长盈精密服务点	福海	服务点	福海街道桥头富桥工业三区 11 栋一楼

序号	成员馆名称	所属街道	类型	地址
58	福宁服务点	福海	服务点	福海街道征程一路福宁高新产业园党群服务中心一楼
59	沙井街道分馆	沙井	街道分馆	沙井街道壆岗社区村前路 100 号二楼
60	马安山（锦胜）阅读中心	沙井	阅读中心	沙井街道马安山社区锦胜财富广场党群服务中心一楼
61	步涌社区阅读中心	沙井	阅读中心	沙井街道步涌社区步涌村前大路廉政文化公园舞台
62	蚝乡社区阅读中心	沙井	阅读中心	沙井街道学府花园蚝乡社区党群服务中心 1 楼
63	辛养社区阅读中心	沙井	阅读中心	沙井街道环镇路辛养社区辛安路 2 号二楼
64	后亭社区阅读中心	沙井	阅读中心	沙井街道后亭社区大埔中路 115-11 号后亭党群服务中心一楼
65	共和社区阅读中心	沙井	阅读中心	沙井街道共和社区福和路东五巷共和党群服务中心一楼
66	沙一社区阅读中心	沙井	阅读中心	沙井街道沙一社区下冲路 81 号沙一党群服务中心一楼
67	金沙童话绘本图书馆	沙井	阅读中心	沙井街道沙井路 180 号金沙童话商场二楼
68	和一社区阅读中心	沙井	阅读中心	沙井街道和一社区工作站二楼
69	沙二社区阅读中心	沙井	阅读中心	沙井街道新沙路安托山工业园 B1 栋一层
70	信维通信服务点	沙井	服务点	沙井街道西环路 1013 号信维通信一厂员工食堂三楼
71	沙井党群服务点	沙井	服务点	沙井街道壆岗社区觉园新村沙井党群服务中心一楼

续表

序号	成员馆名称	所属街道	类型	地址
72	奇宏服务点	沙井	服务点	沙井街道蚝二社区辛养西部工业园
73	捷普绿点服务点	沙井	服务点	沙井街道锦程路 2073 号
74	全至服务点	沙井	服务点	沙井街道后亭沙安路全至科技创新园社区中心
75	卓悦时光服务点	沙井	服务点	沙井街道环镇路与蚝乡路交界处卓悦时光购物中心三楼
76	新桥街道分馆	新桥	街道分馆	新桥街道中心路 36 号新桥文化艺术中心东楼三、四楼
77	新桥社区阅读中心	新桥	阅读中心	新桥街道景城花园新桥商业街 1077-1078 二楼
78	黄埔社区阅读中心	新桥	阅读中心	新桥街道东环路 193 号黄埔旧村路 2-1 号二楼
79	沙企社区阅读中心	新桥	阅读中心	新桥街道沙企社区丽沙花都小区富通路 25 号
80	汇聚阅读中心	新桥	阅读中心	新桥街道上寮工业路 18 号汇聚新桥 107 创智园接待大厅
81	禧园阅读中心	新桥	阅读中心	新桥街道宝安大道 8230 号鸿荣源·禧园 3 栋新桥街道党群服务中心三楼
82	德昌服务点	新桥	服务点	新桥街道新二工业区寮盛路 28 号侧门
83	亿书阁服务点	新桥	服务点	新桥街道万丰社区万丰中路亿书阁一楼
84	深圳外国语学校（集团）宝安学校分馆	新桥	服务点	新桥街道万丰中路与丰山二路交汇处
85	清平实验学校分馆	新桥	服务点	新桥街道清平实验学校诚意书屋

续表

序号	成员馆名称	所属街道	类型	地址
86	创世纪机械服务点	新桥	服务点	新桥街道黄埔社区南浦路 152 号 1 栋
87	上星学校分馆	新桥	服务点	新桥街道上星学校综合楼二楼
88	松岗街道分馆	松岗	街道分馆	松岗街道宝安大道西侧与沙江路南侧交汇处文化艺术中心大楼 B 区
89	江边社区阅读中心	松岗	阅读中心	松岗街道江边股份合作公司一楼
90	朗下社区阅读中心	松岗	阅读中心	松岗街道朗下社区工业三路商住楼二楼
91	楼岗社区阅读中心	松岗	阅读中心	松岗街道楼岗社区前进公社二楼党群服务中心
92	溪头社区阅读中心	松岗	阅读中心	松岗街道溪头社区宏发君域溪头党群服务中心三楼
93	碧头社区阅读中心	松岗	阅读中心	松岗街道碧头社区碧头路碧头党群服务中心一楼
94	五指耙阅读中心	松岗	阅读中心	松岗街道大田洋路 6 号五指耙公园内
95	满京华艺术分馆	松岗	阅读中心	松岗街道沙浦社区满纷创智中心 B 座 M111
96	燕罗街道分馆	燕罗	街道分馆	燕罗街道山门社区松岗大道与松白路交叉口中闽花园小区党群服务中心二楼
97	燕川北阅读中心	燕罗	阅读中心	燕罗街道燕川北部工业园管理处大楼二楼
98	罗田社区阅读中心	燕罗	阅读中心	燕罗街道罗田社区罗田市场天天楼二楼
99	洪桥头社区阅读中心	燕罗	阅读中心	燕罗街道洪桥头社区洪桥头路党群服务中心一楼

续表

序号	成员馆名称	所属街道	类型	地址
100	塘下涌社区阅读中心	燕罗	阅读中心	燕罗街道塘下涌集贸市场二楼
101	劲嘉阅读中心	燕罗	阅读中心	燕罗街道燕川社区劲嘉工业园生活区（红湖路燕川公交总站对面）
102	鹏鼎阅读中心	燕罗	阅读中心	燕罗街道松罗路鹏鼎科技园 A22 栋二楼
103	和谷山汇城阅读中心	燕罗	阅读中心	燕罗街道罗田社区广田路 35 号和谷山汇城 3 栋 202
104	燕罗党建服务点	燕罗	服务点	燕罗街道燕川社区宝安一大纪念馆旁
105	罗田森林公园服务点	燕罗	服务点	燕罗街道罗田森林公园游客服务中心内
106	茅洲河服务点	燕罗	服务点	燕罗街道燕罗湿地公园碧道之环（洋涌路与松罗路交界处）
107	石岩街道分馆	石岩	街道分馆	石岩街道育才路石岩文化艺术中心
108	石岩环湖碧道自助分馆	石岩	阅读中心	石岩街道洲石路石岩湖湿地公园 B 段入口
109	北大科创园服务点	石岩	服务点	石岩街道松白路 3000-1 号北大科创园 A1 栋一楼
110	奋达服务点	石岩	服务点	石岩街道洲石路奋达科技二楼
111	艾美特服务点	石岩	服务点	石岩街道黄峰岭工业区艾美特厂职工之家旁
112	恩斯迈服务点	石岩	服务点	石岩街道塘头大道龙马工业区 37 号恩斯迈电子有限公司
113	黄峰岭服务点	石岩	服务点	石岩街道罗租社区建兴路黄峰岭工业区一楼党群服务中心

序号	成员馆名称	所属街道	类型	地址
114	创维创新谷服务点	石岩	服务点	石岩街道塘头一号路创维创新谷 2 号楼一楼党群服务中心
115	新哲书院服务点	石岩	服务点	石岩塘头大道塘头科技园新哲书院
116	宝安中学（集团）塘头学校分馆	石岩	服务点	石岩街道英才路 8 号
117	欣旺达服务点	石岩	服务点	石岩街道同富康 B 栋 5 楼欣家园
118	劲拓服务点	石岩	服务点	石岩街道石环路东 100 米劲拓光电产业园
119	石岩人民医院服务点	石岩	服务点	石岩街道石岩人民医院综合楼 5 楼
总计	截至 2022 年 12 月 31 日成员馆共计 119 家，其中总馆 1 家，街道分馆 10 家，主题分馆 1 家，阅读中心 61 家，服务点 46 家。			

附录 2　宝安区图书馆 1993−2022 年主要荣誉与奖项情况

序号	获奖单位/项目	奖项名称	授予单位	授予时间
1	宝安区图书馆智慧服务与智慧管理项目	项目入选 2021 年度国家文化和旅游科技创新工程项目储备库	文化和旅游部科技教育司	2021 年 8 月
2	宝安区图书馆	深圳市推行图书馆总分馆一体化管理工作先进单位	深圳市文化广电旅游体育局	2021 年 11 月
3	宝图礼遇·"文创+"阅读推广模式	广东图书馆学会 2020 阅读推广示范项目	广东图书馆学会	2021 年 8 月
4	宝安区图书馆	广东省基层文化工作先进单位	广东省文化和旅游厅	2020 年 6 月
5	宝安区图书馆	入选 2020 年"书香城市（区县级）"名单	中国图书馆学会	2020 年 10 月
6	"立体化·多途径·全方位"未成年人主题阅读书目推荐	中国图书馆学会 2019 年阅读推广优秀项目	中国图书馆学会	2020 年 10 月
7	《图书馆神秘的部门》短视频作品	"图书馆故事"短视频作品征集活动的星级创意作品名单	中国图书馆学会	2020 年 11 月
8	图书馆智能机器人分拣系统	2019 年文化和旅游装备技术提升优秀案例	中华人民共和国文化和旅游部	2019 年 10 月

续表

序号	获奖单位/项目	奖项名称	授予单位	授予时间
9	宝安区公共图书馆总分馆垂直管理模式	"公共文化建设现场"——2019 广东公共文化研讨会优秀案例	广东省文化和旅游厅	2019 年 11 月
10	文脉深圳 数典问祖——中华古籍之美当代传承计划	2018 年度深圳市文体旅游工作创新奖	深圳市文化广电旅游体育局	2019 年 1 月
11	宝安区图书馆	全民阅读示范基地	中国图书馆学会	2019 年 8 月
12	宝安区图书馆	阅天下·邂逅图书馆之美游学基地	中国图书馆学会阅读推广委员会	2019 年 4 月
13	"阅读家成长计划"	广东图书馆学会 2019 年阅读推广案例大赛二等奖	广东图书馆学会	2019 年 11 月
14	宝安区图书馆	第七届全国服务农民、服务基层文化建设先进集体称号	中共中央宣传部、文化部、国家新闻出版广电总局	2018 年 1 月
15	宝安区图书馆	第六次全国公共图书馆评估定级被评为"地市级一级图书馆"	中华人民共和国文化和旅游部	2018 年 8 月
16	阅享阅美·宝图文化志愿者书友会	深圳市 2018 年度文化志愿服务示范项目	深圳市文体旅游局 深圳市文化志愿服务总队	2018 年 12 月
17	宝安区图书馆	2017 年全民阅读活动"全民阅读先进单位"	中国图书馆学会	2018 年 12 月
18	宝安区图书馆	2018 年全国少年儿童阅读年"我爱图画书"故事讲述大赛优秀组织奖	中国图书馆学会	2018 年 12 月
19	创想汇	第二届"科普阅读推广优秀案例征集评选活动"一等奖	中国图书馆学会阅读推广委员会	2018 年 5 月

续表

序号	获奖单位/项目	奖项名称	授予单位	授予时间
20	宝安区图书馆	2017"书香岭南 最美悦读"推荐活动中荣获"最美阅读空间"称号	中共广东省委宣传部	2017年12月
21	宝安区图书馆	深圳市全民阅读示范单位	深圳读书月组委会深圳市文体旅游局	2017年11月
22	宝图星期讲座	2017深圳关爱行动"百佳市民满意项目"	深圳关爱行动系列推选表彰活动组委会	2017年4月
23	《书韵》系列专题资料	2017年中国图书馆阅读推广类十佳内刊内报提名奖	中国图书馆学会	2017年8月
24	图书馆网络与智能应用案例	广东图书馆学会2017年学术年会优秀案例奖	广东图书馆学会	2017年11月
25	图图姐姐讲故事	阅读推广案例大赛三等奖	广东图书馆学会	2016年12月
26	宝安区区域图书馆服务网络体系建设	第五届百县馆长论坛案例征集活动一等奖	中国图书馆学会	2015年5月
27	宝安区图书馆	全国十佳绘本馆	中国图书馆学会图书馆报	2015年8月
28	宝安区图书馆	广东图书馆学会2012—2015先进工作单位	广东图书馆学会	2015年10月
29	深圳市2015年度文化志愿服务示范项目	深圳市2015年度文化志愿服务示范项目	深圳市文体旅游局、深圳市文化志愿服务总队	2015年12月
30	宝安区图书馆	文明示范窗口	深圳市文明办（深圳市委宣传部）	2014年11月

序号	获奖单位 / 项目	奖项名称	授予单位	授予时间
31	宝安区图书馆	第五次全国公共图书馆评估定级被评为"地市级一级图书馆"	中华人民共和国文化部	2013 年 10 月
32	小红帽	全国少年儿童经典读物情景剧大赛金奖	中国图书馆学会阅读推广委员会	2013 年 11 月
33	宝安区图书馆	全国文化信息资源共享工程公共电子阅览室示范点	中华人民共和国文化部	2012 年 12 月
34	宝安区图书馆	深圳市全民阅读示范单位	深圳读书月组委会	2011 年 11 月
35	宝安区图书馆	第四次全国公共图书馆评估定级被评为"地市级一级图书馆"	中华人民共和国文化部	2010 年 1 月
36	"劳务工图书馆"建设	深圳市文化工作创新奖	深圳市文化局	2009 年 1 月
37	宝安区图书馆	2007—2008 年度优秀图书馆	深圳市文化局	2008 年 12 月
38	"流动图书馆"项目	2007 年度深圳市文化创新奖	深圳市文化局	2007 年 12 月
39	宝安区图书馆	第三次全国公共图书馆评估定级被评为"地市级一级图书馆"	中华人民共和国文化部	2005 年 6 月
40	宝安区图书馆	文明示范单位	中共深圳市委	2004 年 3 月
41	宝安区图书馆	先进集体	深圳市文化局	2004 年 3 月
42	宝安区图书馆	深圳市图书馆网络建设先进集体	深圳市文化委员会	2004 年
43	宝安区图书馆	先进单位	深圳市人民政府	2002 年 3 月
44	宝安区图书馆	文明单位	中共深圳市委	2001 年 12 月

续表

序号	获奖单位 / 项目	奖项名称	授予单位	授予时间
45	宝安区图书馆	深圳市三八红旗集体	深圳市妇女联合会	2001 年 3 月
46	宝安区图书馆	第二次全国公共图书馆评估定级被评为"区县级一级图书馆"	中华人民共和国文化部	1999 年 10 月
47	宝安区图书馆	文明图书馆	广东省文化厅	1998 年 1 月
48	宝安区图书馆	先进单位	深圳市文化局	1995 年 3 月
49	宝安区图书馆	第一次全国公共图书馆评估定级被评为"区县级一级图书馆"	中华人民共和国文化部	1994 年 12 月

附录3 宝安区图书馆 1993—2022 年主要学术成果一览

学术课题：

序号	课题名称	课题发布单位	结项时间	课题负责人
1	基于出版与入藏分析的县区级公共图书馆中文图书采访评价研究	广东图书馆学会	2023 年	曹婷
2	公共图书馆特殊群体（婴幼儿）服务研究	广东图书馆学会	2022 年	赵艺超
3	AGV 智能机器人在图书分拣业务中的应用研究	广东省文化和旅游厅	2022 年	王晶锋
4	"励读计划"与先行示范区公共图书馆服务创新	中国图书馆学会	2021 年	熊军
5	"励读计划"与公共图书馆服务创新	深圳图书情报学会	2021 年	郭春燕
6	文旅融合下的旅游图书馆创新服务研究	深圳图书情报学会	2021 年	李敏
7	公共图书馆儿童阅读推广人培育模式分析	中国图书馆学会	2021 年	赵艺超
8	宝安区公共图书馆总分馆业务保障体系研究	深圳图书情报学会	2021 年	王晶锋
9	宝安区公共图书馆总分馆特色馆藏体系建设研究	深圳图书情报学会	2019 年	王晶锋

续表

序号	课题名称	课题发布单位	结项时间	课题负责人
10	公共图书馆读者活动品牌建设模式研究	深圳图书情报学会	2019 年	付翠阳
11	新服务空间创新与融合	广东图书馆学会	2019 年	熊军
12	公共图书馆文化志愿者管理长效机制构建	深圳图书情报学会	2019 年	赵艺超
13	图书馆之城背景下总分馆制垂直管理模式研究	深圳图书情报学会	2019 年	纪伟
14	县区级公共图书馆信息资源保障体系建设研究	广东图书馆学会	2018 年	王晶锋
15	主题图书馆发展趋势研究	深圳图书情报学会	2017 年	熊军
16	公共图书馆业务社会化模式研究	深圳图书情报学会	2016 年	李英
17	深圳地区公共图书馆纸质文献体系建设	深圳图书情报学会	2015 年	王晶锋
18	深圳地区外来劳务工群体公共图书馆服务保障研究	广东图书馆学会	2014 年	麦敏华

学术论文:

序号	作者	篇名	发表刊物（期数）/获奖情况/出版情况
1	熊军、李英、纪伟、曹婷、郭春燕、黄伟群	深圳地区图书馆"励读计划"的回望与前瞻	《图书馆论坛》2021（12）
2	曾静	基于用户模型的深圳公共图书馆老年人阅读研究	《图书馆理论与实践》2021（3）
3	王晶锋	AGV 分拣技术在图书馆的应用研究	《图书馆杂志》2020（12）

续表

序号	作者	篇名	发表刊物（期数）/获奖情况/出版情况
4	李英	公共图书馆业务社会化研究	《图书馆学研究》2016（9）/深圳图书情报学会 2014—2016 年度优秀论文奖
5	王晶锋	总分馆体制下公共图书馆法人治理结构探析	《图书馆工作与研究》2016（2）/深圳图书情报学会 2014—2016 年度优秀论文三等奖
6	赵已雨	美国图书馆开展游戏服务的研究综述	《图书馆理论与实践》2015（9）/深圳图书情报学会 2014—2016 年度优秀论文奖
7	麦敏华	公共图书馆外来劳务工群体服务保障研究——以深圳地区为例	《图书馆工作与研究》2014（2）
8	李英	城市街区 24 小时自助图书馆建设及运营管理研究	《新世纪图书馆》2013（10）/中国图书馆学会第十二届中国社区乡镇图书馆发展战略研讨会征文一等奖
9	李英	论图书馆公益讲座的标准化管理与服务——基于"宝图星期讲座"的思考	《图书馆理论与实践》2013（12）
10	周英雄	深圳市宝安区公共图书馆服务体系建设探索与未来发展	《图书与情报》2011（1）
11	麦敏华、陈燕君、方玲	公共图书馆用户个性化服务需求实证研究——以深圳市宝安区图书馆为例	《图书与情报》2011（4）
12	麦敏华	发现数字阅读之美	《图书馆工作与研究》2011（4）

续表

序号	作者	篇名	发表刊物（期数）/获奖情况/出版情况
13	付翠阳	公共图书馆开展劳务工讲座的现状——基于深圳市宝安区图书馆劳务工讲座的实证分析	《图书馆学研究》2011（10）
14	付翠阳	公共图书馆开展劳务工讲座服务研究	《图书馆论坛》2011（5）
15	王晶锋	深圳市宝安区劳务工图书馆建设实证研究	《图书馆论坛》2010（2）
16	麦敏华	软环境——衡量公共图书馆服务的硬指标	《图书馆理论与实践》2010（4）
17	李英	宝安区图书馆总分馆建设10年之路	《图书与情报》2009年（4）/深圳图书情报学会2008—2009年度论文评选一等奖
18	王晶锋	事业单位体制改革与城市公共图书馆发展方向	《图书馆建设》2009（3）
19	王晶锋	公共图书馆服务体系可持续发展研究	《图书馆》2009（6）
20	黄峒胜	论公共图书馆地方文献的数字化	《图书馆工作与研究》2009（12）
21	李英	劳务工读者的图书馆消费实证分析	《图书馆论坛》2009（5）
22	熊军	公共图书馆向基层延伸服务的实践及其研究	《图书馆论坛》2007（5）/深圳图书情报学会2006—2007年度优秀论文二等奖
23	夏燕丽、李英	略论公共图书馆公益服务及其知识援助	《图书馆论坛》2007（5）/深圳图书情报学会2006—2007年度优秀论文奖

序号	作者	篇名	发表刊物（期数）/获奖情况/出版情况
24	周英雄	浅论城市社区图书馆建设	《图书馆论坛》2007（4）/中国图书馆学会第六届社区图书馆研讨会征文一等奖
25	周英雄	城市化与社区图书馆的可持续发展	《图书馆论坛》2006（3）
26	熊军	数字图书馆建设若干问题的探讨	《图书馆论坛》2006（4）
27	孙涌涛	公共图书馆图书招标采购的实践与探索	《图书馆论坛》2006（4）
28	麦敏华	馆际文献通借通还服务现状及发展分析	《图书馆论坛》2005（4）
29	周英雄	论文献招标采购	《图书馆论坛》2005（3）
30	黄峒胜	如何构建现代公共图书馆立体服务平台	《图书馆论坛》2005（3）
31	郭汉奎	从深圳市宝安区实际论农村基层图书馆在城市化中的建设模式	《图书馆论坛》2004（3）
32	麦敏华	公共图书馆与义工组织合作运作模式的探索	《图书馆论坛》2004（4）
33	孙涌涛	试论新时期女性图书馆员的素质	《图书馆论坛》2004（5）
34	黄峒胜	深圳地方文献的现状与未来	《图书馆论坛》2003（5）
35	李联豹	从社会化谈基层图书馆的体制改革	《图书馆论坛》2003（2）
36	黄添吉	21 世纪图书馆馆员能力建设初探	《图书馆论坛》2003（1）

续表

序号	作者	篇名	发表刊物（期数）/获奖情况/出版情况
37	李联豹	试论社区图书馆及其管理	《图书馆学研究》2002（11）
38	李联豹	新世纪南国文化之光——宝安区基层图书馆网络建设启示录	《图书馆论坛》2002（6）
39	黄添吉	图书馆科学决策论略	《图书馆论坛》2002（3）
40	麦敏华	国内网上电子报刊对图书馆工作的影响	《图书馆论坛》2000（4）
41	周英雄	信息技术对图书馆发展的影响与图书馆的对策	《情报科学》1999（4）
42	周英雄	因特网与图书馆信息服务	《图书馆论坛》1999（3）
43	周英雄	境外中文报刊信息的开发实践与体会	《图书馆杂志》1999（6）
44	周英雄	关于公共图书馆读者教育工作的思考	《图书馆论坛》1998（6）
45	黄添吉	深圳市宝安区"百村书库工程"建设综述	《图书馆论坛》1998（6）
46	黄添吉	中小型图书馆要重视数据库建设	《图书馆论坛》1997（6）
47	黄峒胜	怎样认识图书馆的有偿服务	《图书馆论坛》1995（3）
48	付翠阳	公共图书馆阅读推广服务研究——以宝安图书馆为例	《深圳全民阅读发展报告2016》（海天出版社，2016年4月）
49	李英	宝安区图书馆总分馆实践调查	《深圳市公共图书馆总分馆制比较研究》第五章，（海天出版社，2011年6月）

续表

序号	作者	篇名	发表刊物（期数）/获奖情况/出版情况
50	周英雄	以城市化为契机 加强社区图书馆建设	《深圳市建设图书馆之城的理念与实践》（海天出版社，2006 年 6 月）
51	周英雄	服务 创新 发展——前进中的宝安区图书馆	《深圳市建设图书馆之城的理念与实践》（海天出版社，2006 年 6 月）
52	麦敏华	总分馆制运营模式对基层图书馆服务效能的影响分析——以深圳市宝安区为例	2016 年度中国图书馆学会年会征文二等奖
53	夏燕丽	公共图书馆儿童阅读推广活动的开展及其研究	2012 年度中国图书馆学会年会征文二等奖
54	王晶锋	公共图书馆总分馆建设服务效益分析	2011 年度中国图书馆学会年会征文一等奖
55	王晶锋	公共图书馆儿童阅读推广工作初探	2010 年度中国图书馆学会年会征文二等奖
56	熊军	经济发达地区公共图书馆为外来劳务工服务问题研究	2009 年度中国图书馆学会年会征文二等奖
57	王晶锋	城市公共图书馆读者服务规范化初探	2009 年度中国图书馆学会年会征文二等奖
58	黄峒胜	论编纂地方文献史志的价值取向	2009 年度中国图书馆学会年会征文二等奖
59	李英	宝安区公共图书馆总分馆建设模式及其发展探索	全国中小型公共图书馆联合会 2009 年研讨会征文二等奖
60	夏燕丽	发挥公共图书馆在为外来劳务工服务中的功能和作用	2008 年度中国图书馆学会年会征文二等奖

续表

序号	作者	篇名	发表刊物（期数）/获奖情况/出版情况
61	熊军	论城市中心图书馆的基层延伸服务网络	2007 年度中国图书馆学会年会征文二等奖
62	王晶锋	结合 CRM 与构建服务型公共图书馆网络	2007 年度中国图书馆学会年会征文一等奖
63	王晶锋	论和谐社会中的图书馆文化建设	2006 年度中国图书馆学会年会征文一等奖